Robert E. Barron

Streiten wir für Religion

Robert E. Barron

Streiten wir für Religion

Glauben in der digitalen Welt

Übersetzt aus dem Englischen von Lukas Weber

HERDER

FREIBURG · BASEL · WIEN

MIX
Papier | Fördert gute Waldnutzung
FSC® C014496

Titel der Originalausgabe:
Arguing Religion. A Bishop Speaks at Facebook and Google

www.herder.de

Die Bibelverse wurden, soweit nicht anders angegeben, folgender Ausgabe entnommen:

Die Bibel. Die Heilige Schrift des Alten und des Neuen Bundes. Vollständige deutsche Ausgabe
DIE BIBEL

Umschlagmotiv: © Word on Fire Catholic Ministries
Umschlaggestaltung: Verlag Herder

Satz: Röser MEDIA GmbH & Co. KG, Karlsruhe
Herstellung: GGP Media GmbH, Pößneck

Printed in Germany
ISBN Print 978-3-451-39595-6
ISBN E-Book (EPUB) 978-3-451-83957-3

Inhalt

Vorwort von Johannes Hartl für die deutsche Ausgabe

Barron ist ein Phänomen. In Zeiten, in denen die Kirche hierzulande nicht mehr aus den negativen Schlagzeilen herauszufinden scheint, zieht ein katholischer Bischof in den USA buchstäblich Millionen an. Dies wohlgemerkt nicht mit möglichst harmloser Befindlichkeitslyrik aus dem Genre der Kalendersprüche, sondern mit Vorträgen, die den Zuhörern einiges zumuten. Zuhörer freilich, die nicht eben typische Kirchgänger sind. Die Texte dieses Buches entstammen Vorträgen, die Barron nicht in seiner Bischofskirche hielt, nicht vor Theologen, sondern auf dem Facebook-Campus und im Hauptquartier von Google. In der Apostelgeschichte wird Paulus bei seinem Versuch beschrieben, ausgerechnet auf dem Areopag in Athen ins Gespräch über Jesus zu kommen. Eben jenem Areopag, wo mindestens schon seit den Zeiten des Sokrates im ungezwungenen Gespräch das verhandelt wird, was den Menschen allgemein und die Gesellschaft mit ihren aktuellen Fragen im Besonderen betrifft. Die Haltung, mit der Paulus in dieses Gespräch geht, ist bis heute kein bisschen selbstverständlich. Immerhin steht hier ein frommer Jude in einem der Epizentren des heidnischen Polytheismus. Ohne zu verurteilen, zu belehren, zu polemisieren, sucht Paulus Anknüpfungspunkte. Die heidnische Religiosität der Griechen deutet er als Frömmigkeit; den Altar für einen „unbekannten Gott" sieht er als verdeckten Hinweis auf eine noch ausstehende Offenbarung von Gott selbst her. Ausgehend von dieser dialogorientierten Gesprächseröffnung legt Paulus dann Jesus Christus als den Auferstandenen dar. Liest man diesen Bericht in Apg 17 heute, so kann man fragen, in welchem Rahmen und an welchen Orten heute solche

Gespräche möglich wären und de facto geführt werden. Der deutschsprachige Raum ist im postchristlichen Zeitalter angekommen und sowohl die Säkularisierung der Gesellschaft als auch die Marginalisierung der christlichen Kirchen schreiten in atemberaubendem Tempo voran. Wo derweil der Areopag der Gegenwart wäre, ist leicht zu sagen: im Internet. Das Wissen der Welt ist auf Wikipedia versammelt, und YouTube ist mittlerweile die einflussreichste Bildungsplattform der Welt. Im Lichte dieser Tatsache ist Bischof Barrons Wirken erst in seiner Tragweite verständlich. Über 120 Millionen mal wurden Videos von seinem Kanal angesehen. Diese bemerkenswerte Zahl wird umso eindrucksvoller, wenn man sich vor Augen hält, mit welchen Inhalten ihm das gelingt. Hier seien vier Charakteristika aufgeführt, die gleichzeitig eine Antwort auf die Frage enthalten, wie denn heute über Religion gesprochen oder gar gestritten werden kann:

1. Konfrontativ. Barrons Tonfall ist nie aggressiv, seine Thesen sind niemals apodiktisch. Dennoch versucht sein Denkweg nicht, so wenig anstößig wie möglich zu sein. Möglichst leicht verdaulich für säkulare Ohren. Im Gegenteil. Er kritisiert die Postmoderne mit jedem zweiten Satz. Anstelle des Relativismus zitiert er metaphysischen Realismus. Während der landläufige Mainstream Orientierung an den eigenen Gefühlen als Weg zu Authentizität und Erfüllung predigt, erinnert Barron an die Sinnorientierung. Der Mensch findet sich eben gerade nicht darin, dass er nur nach dem eigenen Selbstausdruck sucht, sondern

indem er ein objektives Gut verwirklicht. Wem diese Gedanken eigenartig vorkommen, der ist in Deutschland in bester Gesellschaft. Barron lebt und denkt in der Tradition des Thomas von Aquin. Weder in Philosophie noch in Theologie wurde Thomas in unseren Breitengraden in den letzten Jahrzehnten groß rezipiert; die meisten Katholiken in Deutschland dürften in ihrer Glaubenslaufbahn mit seinem Denken komplett unberührt geblieben sein. Das Wort „neuscholastisch“ genießt in der akademischen Landschaft einen Ruf wie das Wort „Gulasch“ unter Veganern, sodass es wirklich verwundern muss, dass Barron im Google-Hauptquartier ausgerechnet Thomas von Aquin auf Lateinisch zitiert und offenbar tosenden Applaus erntet.

2. Barron ist weit entfernt von jeglicher Anpassung an das, was heute kulturell en vogue ist. Er argumentiert für die Wahrheit des katholischen Glaubens, die Existenz Gottes und sogar für die kirchliche Sexualmoral durchaus mit dem Anspruch, gültige und tragfähige Argumente zu liefern, die erst einmal widerlegt werden müssten. Das jedoch tut er keineswegs dogmatisch. Vielmehr eignet er sich auch hier die Methode des Aquinaten an. Der mögliche Einwand wird gleich mitgedacht. Bei Thomas sieht das so aus: Das eigene Argument wird gleich mit mehreren möglichen Gegenargumenten konfrontiert. Bei Barron zeigt sich dieselbe Haltung in dem Respekt, den er mit ruhiger Stimme skeptischen Einwänden von vornherein entgegenbringt. Die mögliche

Erwiderung ist bei Barron immer mitgedacht – und zwar als ernst zu nehmender Anlass, tiefer zu denken. Er liefert dadurch ein Modell, wie wahre Toleranz im pluralistischen Diskurs aussehen kann; eben weder als beschämte Relativierung des Eigenen noch als Engstirnigkeit, sondern als ehrliches Fragen und aufrechtes Debattieren.

3. Die bisher genannten Punkte sind kein Alleinstellungsmerkmal Barrons. Die Bereitschaft jedoch, sich mit eben dieser inneren Haltung und mit größter Professionalität in die Arena der digitalen Medien zu begeben, für den katholischen Bereich jedoch leider schon. Handelt es sich bei YouTube tatsächlich um einen modernen Areopag, dann ist die Sorglosigkeit kirchlicher Akteure geradezu erschütternd, mit der hier anderen Sinnanbietern fast konkurrenzlos das Feld überlassen wird. Dass Barron zu Facebook und Google eingeladen wird, ist tatsächlich gar nicht so verwunderlich. Die postmoderne Welt der Digital Natives ist nicht per se feindlich gegen Religion und Gott. Im Gegenteil: Gerade diese Themen werden eifrig und leidenschaftlich diskutiert. Es fehlt schlicht an Stimmen, die auf seriöse, freundliche und hochwertige Weise ins Gespräch gehen.

4. Wer heute (noch) nach Gott oder Glauben fragt, ist fast immer auch von einer spirituellen Sehnsucht getrieben. Wenigen Millennials und Gen-Z-lern genügen rein rationale Antworten. „Ich fühle es nicht“, ist ihr Einwand. Und er ist berechtigt, denn in der

Religion geht es nicht nur um den Kopf. Jede Argumentation Barrons, auch die in diesem Buch, weist hin auf etwas, das den Verstand übersteigt. Auf die Erfahrbarkeit des Heiligen. Nicht selten verweist er deshalb auf die Kunst, die Liturgie und die mystische Tradition der Kirche. Auch hier trifft er den Puls der Zeit und eine tiefe Sehnsucht vieler Menschen. Während Kirche sich hierzulande überwiegend mit Strukturreformen und die Theologie sich mit rein rationalistischer Durchdringung der Glaubensthemen befasst, wenden ganze Generationen sich anderen Quellen zu. Bei aller rationalen Stringenz im Denken Barrons dient diese nicht der Errichtung eines abgeschlossenen Lehrgebäudes, sondern der Öffnung des Menschen für die Gegenwart Gottes: die Stimme aus dem brennenden Dornbusch. Und diese suchen auch heute viel mehr Menschen, als man oft meint.

Wie können wir heute über Gott sprechen? Wie sogar für Religion streiten? Selbst wer nicht alle metaphysischen Grundannahmen Barrons teilen wird, muss anerkennen: Wenn es heute gelingen soll, hat es wahrscheinlich mit einem der genannten vier Punkte zu tun. Zumindest über sie gibt es viel zu lernen beim Autor dieses Buches, vielleicht auch manches darüber hinaus.

Einführung:
Mein Besuch bei Facebook und Google

Anfang 2017 erhielt ich Besuch von fünf Herren aus San José in Kalifornien. Obwohl wir uns vorher noch nie begegnet waren, hatten sie meine Arbeit schon seit einiger Zeit beobachtet. Sie erzählten mir, dass sie in verschiedenen Funktionen im Silicon Valley tätig seien und nach einer Möglichkeit suchten, mich in dieser sehr einflussreichen Welt bekannt zu machen, z. B. indem sie Vorträge von mir an den Hauptsitzen von Facebook und Google organisierten. Ich sagte zu und wir schüttelten uns alle die Hände; aber ich muss zugeben, dass ich nicht damit gerechnet hatte, dass aus ihrem Plan etwas werden würde. Etwa ein halbes Jahr später rief mich zu meiner großen Freude und Überraschung einer dieser Herren an und teilte mir mit, dass sich der Vertreter einer „Gruppe von Katholiken" bei Facebook in Kürze bei mir melden würde, um einen Termin für einen Vortrag von mir in ihrem Hauptsitz in Menlo Park, Kalifornien, zu vereinbaren.

Das Facebook-Gelände ist ein faszinierender Ort: hochmoderne Architektur, offene Arbeitsbereiche für die Mitarbeiter, eine riesige Cafeteria, die die Mensen großer Universitäten in den Schatten stellen könnte, überall Fahrräder, ein Garten zum Meditieren und Spazierengehen auf dem Dach eines der Hauptgebäude und vor allem: junge Menschen. Ich weiß nicht, ob ich irgendwo einen Facebook-Bewohner gesehen hatte, der älter als 30 Jahre war, und fühlte mich ungefähr wie Methusalem.

Ich wurde jedoch sehr herzlich empfangen und ein begeistertes Publikum besuchte meinen Vortrag. Dieser wurde weltweit live gestreamt und bis zum Zeitpunkt der Niederschrift dieses Buches fast 500 000 Mal angesehen.

Der Titel meines Vortrags lautete: „Wie führt man eine Debatte über Religion?" Ich hatte mich dafür entschieden, kein bestimmtes religiöses Thema anzusprechen und zu verteidigen, sondern vielmehr einen Schritt zurückzutreten und darüber nachzudenken, wie man eine Debatte über religiöse Fragen am besten führen könnte. Seit langem teile ich die Ansicht von Stanley Hauerwas, dass eine der dringlichsten Notwendigkeiten in unserer gewalttätigen und schnelllebigen Zeit darin besteht, wieder zu lernen, öffentlich über Religion zu diskutieren. Meine umfangreichen Erfahrungen mit Facebook und anderen Social-Media-Kanälen haben mich gelehrt, dass die Menschen zwar recht geschickt darin sind, schlecht über Religion zu reden, aber nur sehr wenige wissen, wie man eine konstruktive, vernünftige und nutzbringende Diskussion über religiöse Fragen führt.

Etwa sechs Wochen nach dem Facebook-Vortrag wurde ich, wieder über meine Freunde aus San José, von einem Vertreter von Katholiken kontaktiert, die bei Google arbeiten. Sie boten mir an, eine ähnliche Veranstaltung zu organisieren, und ich sagte freudig zu. Wie die Facebook-Zentrale sah auch der Google-Campus wie eine Welt aus, die Millennials bauen würden, wenn sie unendlich viel Geld zur Verfügung hätten: viele Freiflächen, ein Fitnessstudio, Schlafkapseln in den Arbeitsbereichen, Musikräume und so weiter. Ich muss zugeben, dass ich bei der Erkundung der beiden Einrichtungen oft gelächelt und mich gefragt habe, was mein sehr ernsthafter Vater, der zur Aufbaugeneration gehörte, wohl von all dem gehalten hätte. Doch dann erinnerte ich mich daran, dass ich gerade die Arbeitsstätten der vielleicht erfolgreichsten und kulturell einflussreichsten Unternehmen der Welt besichtigte – wenn ein Nickerchen und Fahrradfahren dazu beitragen können, dann bitte.

Für meinen Vortrag bei Google entschied ich mich, das Thema Religion direkter anzugehen, indem ich als Aufhänger einen Begriff benutzte, der allen Google-Nutzern lieb und teuer ist: die Suche. Mein Vortrag trug den Titel „Religion und die Öffnung des Geistes“. Ich argumentierte, dass Religion aus der grundsätzlich unbegrenzten Fähigkeit des Menschen zur intellektuellen und spirituellen Suche entsteht. Im Gegensatz zur üblichen Rhetorik ihrer Kritiker schaltet die Religion den Verstand nicht aus, sondern erweitert diesen und treibt ihn immer weiter in Richtung eines eigentlich unendlichen Ziels.

Das Buch, das Sie gerade lesen, ist eine leicht erweiterte Fassung der Vorträge, die ich bei Facebook und Google gehalten habe. Ich wende mich damit weniger an überzeugte Gläubige als vielmehr an Außenseiter, Suchende und Skeptiker. In beiden Vorträgen habe ich einen intellektuell anspruchsvollen Ton angeschlagen, weil ich davon überzeugt bin, dass eine extrem vereinfachte Religion, wie sie in den letzten fünfzig Jahren über alle konfessionellen Grenzen hinweg praktiziert wurde, verheerend ist. Als vor fünfzehn Jahren die Kritik der „neuen Atheisten“ aufkam, hatten die meisten Gottgläubigen keine Ahnung, wie sie auf ihre in Wirklichkeit recht schwachen Argumente und plumpen Karikaturen reagieren sollten. Gerade in unserer zunehmend säkularisierten Kultur brauchen wir eine intelligente Darstellung des Glaubens.

Ich hoffe, dass dieses kleine Buch seinen Weg zu denjenigen finden wird, die sich von Gott entfernt haben, insbesondere zu den Jüngeren unter ihnen. Möge es eine Einladung sein, einen neuen Blick auf die Religion zu werfen und vielleicht sogar zu ihr zurückzufinden.

Erster Teil:

Wie führt man eine Debatte über Religion?

Jeder, der auch nur ein wenig mit dem Internet vertraut ist, weiß, dass sich die Menschen im digitalen Raum ständig über religiöse Fragen streiten. Die Kommentare auf religiösen und atheistischen Websites gehören zu den meistbesuchten und hitzigsten im virtuellen Raum. Ich weiß das nicht nur, weil ich selbst solche Seiten besuche, sondern auch, weil ich mich seit fast zwanzig Jahren für meine Organisation „Word on Fire" mit Websites und sozialen Medien beschäftige und dies aus erster Hand miterleben kann. Nachdem ich meine ersten Filme auf YouTube hochgeladen hatte, war ich offen gestanden überrascht zu sehen, dass man meine Veröffentlichungen kommentieren konnte. Kaum hatte ich mich von meiner Überraschung erholt, war ich über den Inhalt der Kommentare entsetzt: Etwa 90 Prozent der geposteten Reaktionen waren stark negativ und stammten von Leuten, die Gott, Religion und mich hassten – ungefähr in dieser Reihenfolge.

Im Laufe der Jahre ist mir mehr als deutlich geworden, dass religiöse Themen zwar starke Emotionen hervorrufen und regelmäßig scharfe Worte über sie ausgetauscht werden, aber nur sehr wenige Menschen im Internet wirklich wissen, wie man *eine Debatte* über Religion führt. Sie wissen, zumindest wenn es um religiöse Themen geht, nicht, wie man Beweismittel sammelt, logisch argumentiert, gültige Schlussfolgerungen zieht, sich Einwände anhört und darauf antwortet usw. Ein Großteil dieser Unfähigkeit rührt von der sowohl in der gehobenen als auch in der populären Kultur vorherrschenden Annahme her, dass es in Religionsfragen praktisch nur zwei Möglichkeiten gibt: entweder die aggressive oder gar gewalttätige Behauptung der eigenen Meinung oder eine fade und universelle

Duldung aller Meinungen. Hinter dieser Annahme verbirgt sich die noch fundamentalere Überzeugung, dass Religion letztlich irrational sei und mehr mit persönlichen Komplexen und Fantasien als mit Vernunft zu tun habe. Für die heutige Zeit möchte ich nachdrücklich für ein *tertium quid* plädieren, einen dritten Weg, der über weite Strecken der Geschichte des Abendlandes als selbstverständlich angesehen wurde, nämlich eine echte Debatte über die Religion. Ich möchte gleich zu Beginn klarstellen, dass mein Aufruf zur Debatte nicht darauf abzielt, religiöse Konflikte zu entfachen. Ganz im Gegenteil! Je mehr wir eine rationale Diskussion über religiöse Themen pflegen, desto friedlicher wird unsere zunehmend aufgewühlte Kultur sein.

Im ersten Teil dieses Buches werde ich versuchen, fünf Bedingungen oder Voraussetzungen für eine solche Debatte darzulegen. Dabei wird deutlich werden, dass diese sowohl das Verhalten und die Einstellung als auch den Intellekt betreffen. So wie die Teilnehmer eines platonischen Dialogs eine ganze Lebensweise erlernen mussten, bevor sie in der Lage waren, eine konstruktive Diskussion zu führen, müssen die rastlosen Männer und Frauen unserer Kultur, die durch Materialismus, Relativismus und das Vorrecht der Selbstbehauptung konditioniert sind, an eine bestimmte Art, in der Welt zu sein, gewöhnt werden, bevor sie erfolgreich über Glaubensfragen diskutieren können. Sie müssen zuerst die Überzeugung verstehen und in die Praxis umsetzen, dass echter Glaube nicht im Gegensatz zur Vernunft steht, dass Wissenschaftsgläubigkeit überwunden werden muss, dass bloße Toleranz nicht toleriert werden darf, dass der Voluntarismus gemieden, d. h.

der Wille nicht verabsolutiert werden darf, und dass die Kontrahenten sich bemühen müssen, einander wirklich zuzuhören. Als Vorbild für diese verschiedenen intellektuellen und moralischen Tugenden schlage ich den Heiligen Thomas von Aquin vor, dessen Methode, religiöse Fragen anzugehen, für uns auch heute eine der bestmöglichen ist.

1. Der Glaube steht nicht im Gegensatz zur Vernunft

Vor einigen Jahren habe ich mir die Talkshow „Real Time“ von Bill Maher angesehen. Ich muss gestehen, dass Maher für mich eine Art heimliches Laster (*guilty pleasure*) darstellt. Obwohl er heutzutage einer der schärfsten Kritiker der Religion ist, fühle ich mich von seinen Sendungen angezogen, vielleicht unter dem Motto „Kenne deine Feinde“. In dieser Sendung also interviewte Maher den bekannten politischen Aktivisten und evangelikalen Christen Ralph Reed. Nach einem etwa fünfminütigen Geplänkel über verschiedene politische Themen hielt Maher inne und sagte: „Wie wir wissen, Ralph, sind Sie ein gläubiger Mensch.“ Reed widersprach nicht. Maher fuhr fort: „Und das bedeutet, dass Sie alle möglichen Dinge für wahr halten, für die es gar keine Beweise gibt.“ Zu meiner großen Überraschung und Enttäuschung antwortete Reed einfach mit „Ja“. Ich war kurz davor, meine Fernbedienung auf den Fernsehbildschirm zu werfen. Ich habe einen großen Teil meines Erwachsenenlebens damit verbracht, genau gegen die Art von irrationalem Fideismus zu kämpfen, die Reed zu vertreten schien. Eines der prägenden Ereignisse der Gnade in meinem Leben war, als ich als junger Oberschüler das erste der berühmten Argumente von Thomas von Aquin für die Existenz Gottes hörte.[1] Von da an wusste ich intuitiv, dass Glaube und Vernunft keine Gegensätze sind, sondern sich in Wirklichkeit gegenseitig bedingen. Einer der traurigen Aspekte unserer Zeit ist, dass viel zu viele Menschen, sowohl Gläubige als auch Nichtgläubige, an einer Form des Fideismus festhalten. Erstere sind weder willens noch in der Lage, in einen Dialog mit einer breiteren Kultur einzutreten, und Letztere lehnen eine so verstandene Religion als primitiv und irrational ab.

Ein unverzichtbarer Schritt auf dem Weg zu einer kohärenten Diskussion über Religion ist daher die Klärung des Wesens des Glaubens. Wenn Ralph Reed Recht hat, dann können religiöse Menschen ihren Glauben geltend machen, ihn übertrieben darstellen oder ihn anderen aufzwingen, aber sie können nicht darüber diskutieren. Echter Glaube befindet sich nicht unterhalb der Vernunft, sondern oberhalb von ihr. Was unterhalb der Vernunft liegt, ist der Stoff, aus dem Leichtgläubigkeit, Aberglaube, Naivität oder einfach nur Dummheit gemacht sind, und kein erwachsener Mensch, der etwas auf sich hält, sollte auch nur im Geringsten daran interessiert sein, es zu fördern oder sich zu eigen zu machen. Reife religiöse Menschen meiden es zu Recht, genauso wie Wissenschaftler und Philosophen. Umgekehrt steht das, was über der Vernunft steht, niemals im Widerspruch zu ihr. Es handelt sich vielmehr um eine Art von Wissen, allerdings eines, das über die üblichen Möglichkeiten der Beobachtung, des Experimentierens, der Hypothesenbildung und des rationalen Denkens hinausgeht.

Um dies zu verdeutlichen, möchte ich eine Analogie anführen. Wenn ich eine andere Person gut kennenlerne, ist dies im Grunde immer das Ergebnis von Vernunft und Glauben. Wenn ich mich für eine Person interessiere und von ihr fasziniert bin, kann ich viel herausfinden, indem ich selbst recherchiere und meine Schlüsse ziehe. Ich kann sie in verschiedenen Situationen beobachten, ich kann lesen, was sie geschrieben hat, oder die Details eines Projekts analysieren, das sie geleitet hat, ich kann ihre Freunde und Feinde fragen, welchen Eindruck sie von ihr haben. Ich kann eine Google-Suche über sie durchführen oder eine Wikipedia-Seite über sie lesen. Wenn ich sie schließlich persönlich treffe, arbeitet mein Verstand wachsam weiter, während ich bewerte, was ich aufnehme, und meine eigenen Schlüsse über ihre Persönlichkeit und ihre Motive ziehe. Ich vergleiche auch weiterhin meine eigenen Erfahrungen mit dem, was ich bereits entdeckt habe, auf der Suche nach Gemeinsamkeiten oder Unterschieden. Diese aktive Beschäftigung ist produktiv und erhellend.

Wenn ich aber ihr Herz kennenlernen will, muss ich aufhören zu suchen und anfangen zuzuhören. Angenommen, unsere Freundschaft sei intensiv genug geworden, dann wird diese Person zu einem von ihr gewählten Zeitpunkt etwas über sich selbst sagen, das ich durch meine eigenen Bemühungen niemals hätte erfahren können. Sie wird Wahrheiten über ihr Leben, ihre Motive, ihre Sehnsüchte und ihre tiefsten inneren Erfahrungen preisgeben. Und an diesem Punkt muss ich entscheiden, ob ich ihr glaube oder nicht. Was motiviert diesen Willensakt? Ich könnte zu dem Schluss kommen, dass nichts von dem, was sie mir erzählt hat, grundsätzlich im Widerspruch zu dem steht, was ich selbst über sie herausgefunden habe, und dass es sogar zutiefst mit den Ergebnissen meiner eigenen Nachforschungen übereinstimmt. Ich könnte feststellen, dass es sich mit ihrem allgemeinen Charakter und ihrer Lebensweise deckt. Vor allem aber würde ich akzeptieren, was sie mir über sich selbst erzählt hat, weil ich ihr *vertraue*. Ich werde nie in der Lage sein, das, was sie mir gesagt hat, vollständig zu überprüfen, aber wenn ich es akzeptiere (weil ich *sie* akzeptiere), erhalte ich eine Kenntnis und ein Verständnis von ihr, die ich auf keine andere Weise hätte erlangen können. Ihren Worten zu glauben ist zwar mit einem Risiko verbunden, aber einem Risiko, das sich absolut lohnt. Wenn ich mich entscheide, dem zu glauben, was mir gesagt wird, schläft dann mein Verstand ein? Nein, natürlich nicht! Ich denke über das Gesagte nach, versuche es besser zu verstehen, vergleiche es mit anderen Wahrheiten, die ich durch den Umgang mit ihr gewonnen habe, stelle sie einander gegenüber usw. Zu keinem Zeitpunkt dieses Vorgangs habe ich mich der Irrationalität hingegeben. Keine Bewegung meines Geistes oder meines Willens könnte vernünftigerweise als abergläubisch oder leichtgläubig bezeichnet werden, und ich habe meine Vernunft nie verleugnet. Allerdings erkannte ich ihre Grenzen und widersetzte mich ihrer Neigung zu Hochmut und Wissenstyrannei.

Dies ist eine sehr genaue Analogie zur Interaktion zwischen Vernunft und Glauben in religiösen Angelegenheiten. Seit der Antike haben die Menschen ihre Vernunft benutzt, um Wahrheiten über Gott zu verstehen, und das ist ihnen in der Tat bemerkenswert gut gelungen. Platon, Aristoteles, Cicero, Augustinus, Anselm, Thomas von Aquin, Descartes, Leibniz, Whitehead und viele andere haben überzeugende Argumente für die Existenz Gottes vorgebracht. Im zweiten Teil dieses Buches werden wir uns ausführlich mit einem dieser Argumente beschäftigen. Darüber hinaus schlossen die Philosophen aufgrund dieser Beweise auf zahlreiche Attribute Gottes, darunter seine

Vollkommenheit, seine Güte, seine Unendlichkeit, seine Allmacht und so weiter. Paulus drückte sein eigenes Vertrauen in diese „natürliche" oder rationale Theologie aus, als er in seinem Brief an die Römer sagte: „Denn sein unsichtbares Wesen, seine ewige Macht und Göttlichkeit sind seit der Erschaffung der Welt an seinen Werken durch die Vernunft zu erkennen."[2] Thomas bezeichnete diese durch die Vernunft gewonnenen Einsichten als *praeambula fidei* (Vorstufen des Glaubens).[3] Er war der Ansicht, dass Menschen mit einem scharfen Verstand und genügend freier Zeit gewissermaßen in die Vorhöfe des Glaubens eintreten und eine Reihe grundlegender Wahrheiten über Gott und die Sache Gottes kennenlernen könnten. Er bezeichnete diese natürliche Art des Theologisierens auch charmant als *manuductio* (Hinführung).[4] So wie wir ein kleines Kind an der Hand nehmen und es zum Laufen überreden können, kann der Philosoph den gefallenen und endlichen Geist zur Betrachtung der tieferen und intimeren Wahrheiten der Offenbarung führen.

Der Anspruch der großen abrahamitischen Religionen (und etwas, das sie von den östlichen Religionen und der östlichen Mystik unterscheidet) ist, dass Gott gesprochen hat (*Deus dixit*). Gott ist weder eine bloße Kraft oder eine grundlegende ontologische Annahme, die stumm als tiefer Hintergrund der Existenz präsent ist, noch bleibt Gott in einer totalen und gleichgültigen Transzendenz von der Welt getrennt. Im Gegenteil, er hat sich persönlich an sein Volk gewandt. Denken Sie nicht, dass ich wörtlich von einer donnernden Stimme spreche, die sich aus den Wolken erhebt. Dieses Bild ist eine klassische Metapher für das, was ich hier beschreibe. Im Gegenteil: Gott offenbarte seinem

Volk Israel sein Herz durch die Propheten, Erzväter, Ereignisse und Institutionen Israels. Er machte seine Leidenschaft, seinen Zorn, sein Erbarmen und seine Bundestreue bekannt. Als dann die Zeit gekommen war, sprach er, wie der Verfasser des Hebräerbriefes es ausdrückte, „durch den Sohn".[5] Das Wort, das das Universum erschaffen und den Geist und den Mund der Propheten gefüllt hatte, kam schließlich in Fleisch und Blut, um die Barmherzigkeit, die Gott ist, auszudrücken. „Gott ist Liebe und wer in der Liebe bleibt, der bleibt in Gott und Gott bleibt in ihm."[6]

Angesichts dieser Botschaft wird man vor die Wahl gestellt, zu glauben oder nicht zu glauben. Niemand verlangt von einem angehenden Gläubigen, dass er seinen Verstand aufgibt oder das Wissen über Bord wirft, zu dem er durch seine eigene Bewertung von Indizien und seine vernünftige Spekulation gelangt ist. Niemand erwartet von ihm, dass er sich auf das Niveau der reinen Leichtgläubigkeit herablasst. Aber er wird in der Tat gefragt, ob er bereit ist, der Person zu glauben, die ihm eine Wahrheit offenbart hat, die er nicht beherrscht und zu der er ohne Hilfe nie gelangt wäre. Er wird gefragt, ob er bereit ist, zu vertrauen. Es ist faszinierend zu sehen, wie oft das Wort *pistis* auf den Seiten des Neuen Testaments auftaucht. Es wird gewöhnlich mit „Glaube" übersetzt und hat tatsächlich die Konnotation eines explizit religiösen Glaubens, aber in einem grundlegenderen Sinn bedeutet es „Vertrauen". In seinen einleitenden Worten im Markusevangelium sagt Jesus: „Die Zeit ist erfüllt und das Reich Gottes ist nahe. Kehrt um und glaubt (*pisteuete*) an das Evangelium!"[7] Nachdem er den Sturm auf dem See gestillt hatte, sagte der Herr zu seinen verängstigten Jüngern: „Was seid ihr so furchtsam? Habt ihr noch keinen Glauben (*pistis*)?"[8] Nachdem Jesus den blinden Bartimäus geheilt hatte, sagte er freudig zu ihm: „Geh, dein Glaube (*pistis*) hat dir Heilung gebracht."[9] In der großen Abendmahlsrede im Johannesevangelium sagt der Herr zu seinen Aposteln: „Glaubt an Gott und glaubt an mich!"[10] Mit all dem will er sagen: „Habt den Mut, mir zu vertrauen und dem zu vertrauen, was ich euch sage und zeige. Die Wahrheit, die das Leben von Grund auf verändert, Stürme beruhigt, das Augenlicht wiederherstellt und dem Leben einen Sinn verleiht und die ich verkörpere, bietet sich euch an. Seid ihr bereit, sie anzunehmen?"

Nehmen wir nun an, dass eine Person den Akt des Glaubens vollzieht. Seine Vernunft wird nicht unterdrückt, es wird kein *sacrificium intellectus* (Opferung der Vernunft) verlangt. Vielmehr erfasst die kritische Vernunft das, was der Glaube angenommen hat, dreht es um, analysiert es, denkt darüber nach und zieht Schlussfolgerungen. Dieser Prozess wird in der Fachsprache Theologie genannt und wurde vom heiligen Anselm von Canterbury prägnant als *fides quaerens intellectum* (Glaube, der nach Einsicht sucht) beschrieben.[11] Verstehen Sie nun, warum es schlichtweg lächerlich ist, den Glauben zu bezeichnen als „Dinge für wahr halten, für die es gar keine Beweise gibt"? Das ist genauso lächerlich, wie zu sagen, dass es abergläubisch ist, sich zu verlieben.

John Henry Newman, der größte katholische Theologe, der in englischer Sprache geschrieben hat, rang sein ganzes Leben lang mit dieser Frage von Glaube und Vernunft. Er stand an vorderster Front, als im 19. Jahrhundert mächtige rationalistische Kritiker des Christentums auftauchten. Newman wählte einen interessanten Ansatz, als er feststellte, dass ein großer Teil unseres gewöhnlichen Wissens das Ergebnis sowohl rationaler als auch nicht-rationaler Schritte ist. Er stellte fest, dass wir typischerweise voll und ganz mit Behauptungen übereinstimmen, für die es bei weitem keine überzeugenden Beweise gibt. Um sein berühmtes Beispiel zu zitieren: Wir stimmen der Behauptung, dass England eine Insel ist, ohne zu zögern zu, obwohl wir keine hieb- und stichfeste logische Argumentation dafür vorweisen können.[12] Die Gewissheit unseres Wissens ist vielmehr das Ergebnis einer großen Ansammlung von Erfahrungen, Zeugnissen, Ahnungen, Gesprächen, empirischen Beobachtungen, historischen Zeugen usw., von denen keine für sich genommen vollkommen überzeugend ist, die aber alle zusammen zum selben Punkt führen und die Vernunft zur Zustimmung drängen. Ebenso ist die Überzeugung eines Mannes, eine bestimmte Frau zu heiraten, kaum das Ergebnis einer rationalen Beweisführung, sondern das Ergebnis eines langen Prozesses der rationalen und nicht-rationalen, vernünftigen und jenseits der Vernunft liegenden Bewertung einer Reihe von Indizien.

So wird der religiöse Mensch die Behauptung akzeptieren, dass Gott Liebe ist, aber er wird diese Akzeptanz nicht auf eine direkt philosophische Weise begründen können. Wenn er stattdessen über seine Zustimmung nachdenkt, wird er darin sowohl Elemente der Vernunft als auch des Vertrauens erkennen. Newman will damit sagen, dass sich die religiöse Zustimmung in diesem Punkt qualitativ nicht von gewöhnlichen Zustimmungsakten unterscheidet, selbst bei den einfachsten Dingen. Und deshalb kann er in einer seiner Predigten über Glaube und Vernunft sagen, dass „der Glaube das Denken eines religiösen Geistes ist".

Im großen Tempel in Jerusalem gab es Bereiche, die den jüdischen Gläubigen vorbehalten waren, aber es gab auch einen Bereich, der „Vorhof der Heiden" genannt wurde. Dort konnten sich Nichtgläubige versammeln und einen Eindruck von der Heiligkeit des Ortes gewinnen. Mir ist durchaus bewusst, dass es heute sehr viele Menschen gibt, die die Religion ablehnen, wütend auf religiöse Institutionen sind oder den atheistischen Kritikern des Glaubens ihr Vertrauen schenken. Sicherlich erwarte ich nicht, dass solche Menschen mit Inbrunst und Begeisterung direkt in den Tempel eintreten. Ich frage mich aber, ob ich sie in den Vorhof der Heiden einladen könnte, d. h. in die Arena dessen, was ich als natürliche Theologie oder philosophisches Nachdenken über die Sache Gottes bezeichnet habe. Ich verlange nicht, dass sie ihren Verstand am Eingang ablegen. Im Gegenteil, ich wünsche mir, dass sie alle relevanten Fragen stellen. Als gemeinsame Grundlage würde ich nur die erkenntnistheoretischen Imperative vorschlagen, die der jesuitische Philosoph Bernard Lonergan im 20. Jahrhundert formuliert hat: Sei aufmerksam, sei klug, sei vernünftig und sei verantwortlich.[13] Glauben Sie mir, wir werden viel zu diskutieren haben.

2. Die Überwindung der Wissenschaftsgläubigkeit

Ein weiteres großes Hindernis für eine echte Debatte über religiöse Fragen ist die Wissenschaftsgläubigkeit (Szientismus), die ich als eine Reduzierung allen Wissens auf die wissenschaftliche Form der Erkenntnis definieren würde. Diese erkenntnistheoretische Verengung ist heute vor allem unter jungen Menschen weit verbreitet, und es ist leicht zu verstehen, warum: Die Aneignung von Wissen durch die wissenschaftliche Methode – beobachten, messen, Hypothesen aufstellen, experimentieren, Schlussfolgerungen ziehen und diese Schlussfolgerungen durch wiederholte Experimente bestätigen – ist erwiesenermaßen äußerst erfolgreich. Während abstraktere philosophische Wahrheiten in der Praxis nur schwer zu überprüfen sind, können wissenschaftliche Behauptungen einfach und schnell bestätigt oder widerlegt werden. Darüber hinaus kommen die unzähligen technischen Anwendungen, die aus dem wissenschaftlichen Fortschritt hervorgegangen sind, den Menschen auf der ganzen Welt in Form von Gesundheit, Komfort und Unterhaltung direkt zugute.

Der offensichtliche Erfolg dieses Ansatzes hat viele Menschen zu dem Schluss verleitet, dass Wissen und wissenschaftliche Erkenntnisse ein und dasselbe sind und dass man daher zwischen Wissenschaft und Unsinn wählen muss. Aus diesem Grund ist die Mehrheit der Bildungseliten im Westen der Ansicht, dass die wissenschaftliche Revolution des 17. und 18. Jahrhunderts einen Wendepunkt zwischen der aufgeklärten Moderne und einer dunklen Vormoderne, in der religiöser Aberglaube die Oberhand hatte, geschaffen hat. Die Schlussfolgerung aus der Wissenschaftsgläubigkeit, die von Heerscharen junger Menschen implizit akzeptiert wird, lautet in etwa: Die einzig legitime Form der Erkenntnis ist die wissenschaftliche. Religiöse Behauptungen sind nicht das Ergebnis von wissenschaftlichen Studien oder Analysen. Deshalb ist Religion keine legitime Form des Wissens. Aus dieser Argumentation ergibt sich praktisch, dass es sinnlos ist, vernünftig über religiöse Doktrinen zu streiten.

Vorläufer der Wissenschaftsgläubigkeit gibt es im westlichen Denken schon seit Jahrhunderten, doch die heutige Form hat ihre Wurzeln im logischen Positivismus von Alfred Jules Ayer und seinen ideologischen Verbündeten des Wiener Kreises in den 1920er und 1930er Jahren. Diese Theoretiker vertraten die Auffassung, dass die Aussagekraft eines Satzes von seiner Verifizierbarkeit oder zumindest Falsifizierbarkeit abhängt. Mit anderen Worten: Ein Satz hat nur dann Bedeutung, wenn seine Wahrheit oder Falschheit durch empirische Beobachtung festgestellt werden kann. So sind die Behauptungen, dass 500 Menschen an einem Vortrag teilgenommen haben, den ich letzten Monat gehalten habe, oder dass sich die Erde um die Sonne dreht, Sätze, die gerade deshalb einen Sinn ergeben, weil sie durch Beobachtung bestätigt oder widerlegt werden können. Umgekehrt sind religiöse Behauptungen wie „Gott existiert“, „Gottes Wille wird in dieser Situation erfüllt“ oder „Die Seele ist unsterblich“ weniger falsch (obwohl Ayer und seine Kollegen sie tatsächlich für falsch hielten) als vielmehr bedeutungslos. Sie sind nicht mehr als der Ausdruck der Gefühle und Hoffnungen derer, die sie formulieren. Dementsprechend könnte man über sie lächeln oder missbilligend die Stirn runzeln, würde aber sicherlich niemals eine Diskussion darüber anstreben.

Unabhängig von den vielen Problemen, die mit dieser wissenschaftlich-positivistischen Methode verbunden sind, besteht die grundlegendste Schwierigkeit darin, dass das gesamte Programm auf einem Widerspruch beruht, nämlich dass der Grundsatz, dass sinnvolle Aussagen nur aus empirischen Beobachtungen und Erfahrungen hervorgehen können, auf diese Weise nicht gewonnen werden kann. Aus welcher Beobachtung oder Erfahrung leitet sich die Behauptung ab, dass Bedeutung auf das reduziert werden kann, was wir mit unseren Sinnen erfassen können? Der Glaube an die Wissenschaft selbst ist in der Tat nicht wissenschaftlich, sondern eher philosophisch, nämlich eine rationale Ahnung in Bezug auf die erkenntnistheoretische Ordnung. Schön und gut, aber das Einzige, was man mit einem philosophischen Satz nicht machen kann, ist, anderen philosophischen Sätzen die Relevanz abzusprechen! Der logische Positivismus oder sein zeitgenössischer Verwandter, der Glaube an die Wissenschaft, sägt an dem Ast, auf dem er sitzt. Oder, um ein anderes Bild zu verwenden: Er tappt in seine eigene Falle.

Ein weiteres entscheidendes Problem dieses Ansatzes ist, dass er dem nahezu allgemeinen Konsens zuwiderläuft, dass es in der Tat nicht-wissenschaftliche Wege zur Erkenntnis gibt. Wer könnte ernsthaft bezweifeln, dass Philosophie, Literatur, Theater, Poesie, Malerei und Mystik uns nicht nur erbauen und unterhalten, sondern auch Wahrheiten enthalten? Bietet *Hamlet* zum Beispiel nicht wahre Einblicke in das Seelenleben und die inneren Beweggründe des Menschen? Drückt Dantes *Göttliche Komödie* keine Wahrheiten über Politik, Kunst, Sünde und religiöses Streben aus? Sagt uns T. S. Eliots *Das wüste Land* nichts intellektuell Relevantes über das Herz des Menschen? Werfen Platons Dialoge kein echtes Licht auf Ethik, Gerechtigkeit und das gute Leben? Man müsste schon sehr engstirnig sein, um so etwas zu denken.

Lassen Sie mich noch einen Moment bei dem Beispiel Platons verweilen. Dieser Mann, der die philosophische Disziplin im Westen praktisch begründet hat, hat wie viele andere Weise und Mystiker des Ostens und des Westens sehr gut verstanden, wie betörend das ist, was wir mit unseren Sinnen erfahren. Was wir sehen, fühlen, schmecken, hören oder direkt erfahren, ist so unmittelbar und unleugbar präsent, dass wir davon völlig gefesselt sein können. Natürlich betrachtete Platon die mit den Sinnen wahrnehmbaren Dinge nicht als unwirklich. Aber er ahnte, dass es Dimensionen der Wirklichkeit gibt, die größer, reicher und dauerhafter sind. Und er verstand, dass man, um in dieses Reich zu gelangen, eine Art intellektuelles und spirituelles Training durchlaufen muss, oder, um es drastischer auszudrücken, sich einer Disziplin unterziehen muss, durch die man aus seinen körperlichen und sinnlichen Sorgen herausgerissen wird. Pierre Hadot hat darauf hingewiesen, dass Platon nicht so sehr eine Lehre entwickelt hat (obwohl man aus seinen Schriften einige Lehren ziehen kann), sondern vielmehr einen *Bios*, d. h. eine Lebensform, die etwas Mönchisches hat.[14] Die berühmten Dialoge sind in gewisser Weise ein literarisches Zeugnis dieser Methode.

Im Zentrum von Platons Disziplin stand das Gespräch, das Stellen und Beantworten von Fragen, um alle Beteiligten in ein Bewusstsein dessen zu tauchen, was hinter und jenseits der unmittelbaren Erfahrung liegt. Das literarische Werk, das diese allmähliche Erleuchtung am besten beschreibt, ist das Höhlengleichnis im siebten Buch von Platons *Staat.*[15] Jeder, der einen Grundkurs in Philosophie besucht hat, wird sich zweifellos an die wichtigsten Stationen der Geschichte erinnern: Eine Gruppe von Gefangenen ist tief hinten in einer Höhle angekettet und gezwungen, die flackernden Schatten von Figuren an der Wand zu betrachten, die von unsichtbaren Personen bewegt werden. Einem der Gefangenen gelingt es, sich zu befreien. Er dreht sich um und sieht die ungewohnt materiellen Körper, deren zweidimensionale Schatten er für die gesamte Realität gehalten hatte. Nach und nach geht er an den Gestalten vorbei und bewegt sich auf den Ausgang der Höhle zu. Als er sich aus der Höhle herauswagt, wird er zunächst von der Helligkeit des Sonnenlichts überwältigt. Doch als sich seine Augen daran gewöhnt haben, sieht er die Menschen, Bäume, Tiere und Gegenstände, die in der Höhle nur als Schattenbilder dargestellt wurden. Schließlich erblickt er die Sonne, die diese wunderschönen Dinge beleuchtet.

Diese kleine, packende Geschichte, die von Dantes *Göttlicher Komödie* über *Fahrenheit 451* bis *The Matrix* nachgeahmt worden ist, erzählt die Reise eines Helden vom begrenzten zum unbegrenzten Bewusstsein, von der Beschäftigung mit dem Unmittelbaren zur Betrachtung des Ewigen. Die flackernden Schatten und körperlosen Bilder stehen für die Welt der Sinneserfahrung. Was in

Raum und Zeit existiert – was durch die Sinne verifiziert werden kann –, ist zwangsläufig flüchtig und vergänglich. Pflanzen, Tiere, Menschen, subatomare Teilchen und sogar Sterne und Planeten entstehen und vergehen. Eine philosophisch disziplinierte Diskussion legt jedoch offen, dass diese vergänglichen Realitäten durch eine formale Dimension des Seins bedingt sind, die durch materielle Dinge und Figuren außerhalb der Höhle repräsentiert wird. Wenn die philosophische Suche bis zum Ende verfolgt wird, führt sie zur Erkenntnis der absoluten Quelle, aus der auch die formale Eigenschaft des Seins stammt, nämlich das Gute selbst, das durch die überwältigende Schönheit der Sonne symbolisiert wird.

Eine detaillierte Erklärung dieses Prozesses würde natürlich den Rahmen dieses Buches sprengen und uns tief in die Komplexität von Platons Philosophie hineinziehen. Lassen Sie mich Ihnen anhand eines einfachen Beispiels zumindest eine Vorstellung vom platonischen Ansatz vermitteln. Wenn eine Person eine mathematische Wahrheit versteht, z. B. dass 2 + 3 = 5, ist sie in einem ganz realen Sinne in eine andere Welt eingetreten. In der sinnlich wahrnehmbaren Welt ist, wie bereits erwähnt, alles vergänglich, weshalb unser Wissen darüber äußerst begrenzt, unsicher und zeitbedingt ist. Es erscheint wie flackernde Schatten an einer Wand. Nun sind aber zwei und drei zu jeder Zeit, an jedem Ort und in jeder möglichen Welt gleich fünf. Fünf Objekte zu sehen, indem man zwei und drei von ihnen nebeneinanderstellt, kann jedes Tier. Aber das Prinzip zu verstehen, dass zwei und drei fünf sind, bedeutet, in einen qualitativ höheren Raum der Existenz oder des Denkens einzutreten. Die Banalität dieser

Erfahrung – jeder Erstklässler kann sie machen – sollte uns nicht dazu verleiten, ihre überragende Bedeutung zu übersehen. Es ist, als würden wir aus der Höhle ins Licht treten. Dennoch ist das Mathematische bei Platon nur der erste Schritt zu einer wahrhaft philosophischen Wahrnehmung der strukturierenden Elemente der Wirklichkeit.

Platons bekanntester Schüler, Aristoteles, folgte der dialogischen Disziplin und gelangte zu denselben tieferen Erkenntnissen, auch wenn er den Fortschritt prosaischer ausdrückte als sein Lehrer. In seinen reifen Schriften sprach Aristoteles von drei Ebenen des Wissens: der Physik, der Mathematik und der Metaphysik. Die ersten Studien des Aristoteles untersuchen bewegte Körper, die zweiten erforschen numerische und geometrische Abstraktionen, die dritten schließlich befassen sich mit dem „Sein als Sein", d. h. mit dem, was ein Ding nicht nur materiell oder bewegt, sondern existenziell macht. Aristoteles verachtete die Physik keineswegs (man könnte sogar glaubhaft argumentieren, dass er diese Disziplin begründet hat), aber er betonte, dass der menschliche Geist weiter geht als das, was die Physik bieten kann. Als junger Mann hatte er selbst den Rausch erlebt, der mit der Erfahrung verbunden sein kann, der Höhle zu entkommen. Und er hatte kein Interesse daran, sich auf diesen begrenzten Raum zu beschränken.

All das bringt mich wieder zur Wissenschaftsgläubigkeit zurück. Ich habe größten Respekt vor der Wissenschaft und benutze tagtäglich die Technik, die sie ermöglicht. Außerdem wurde mein Leben mindestens zweimal buchstäblich durch medizinische Eingriffe gerettet, die vor dem Aufkommen der modernen Physik undenkbar gewesen wären. Aber selbst die fortschrittlichste, komplexeste und in der Praxis nützlichste Wissenschaft ist, platonisch ausgedrückt, wie das starre Betrachten der Schatten an einer Höhlenwand. Es ist zweifellos eine nützliche und schöne geistige Übung, aber es ist eine Konzentration auf eine Realität von relativ geringer Intensität. Ich stimme selten mit Bertrand Russell, dem wohlbekannten Atheisten, überein, aber ich hatte immer Sympathie für seine Bemerkung, dass die Mathematik ein Tor zu Mystizismus und Religion sei. Obwohl er dies abwertend und verächtlich gemeint hat, denke ich, dass es im platonischen Sinne wahr ist: Das Verständnis einer mathematischen Wahrheit ist ein erster Schritt von der bloßen Sinnlichkeit hin zu dem, was eigentlich transzendent ist. Der zeitgenössische Philosoph Charles Taylor spricht vom „verschlossenen Selbst" (engl. *buffered self)* als einem Merkmal unserer säkularen und post-religiösen Kultur.[16] Er meint damit ein Selbst, das gegen jeden Kontakt mit der Transzendenz verschlossen ist. Die Wissenschaftsgläubigkeit (Szientismus) ist die offizielle Philosophie des verschlossenen Selbst. Ein paar Löcher in diese Mauer zu schlagen und etwas Licht hereinzulassen, ist eine grundlegende Voraussetzung, um eine echte Diskussion über Religion führen zu können.

3. *Sei intolerant gegenüber der Toleranz*

Eine der meistverehrten Ideen im heutigen Westen ist die Toleranz, insbesondere in Bezug auf die Religion. Jemanden zu beschuldigen, gegenüber anderen intolerant zu sein, ist daher im heutigen Kontext eine der schlimmsten Beleidigungen, die es gibt. Obwohl in all dem etwas zutiefst Wahres steckt, wie ich gleich zeigen werde, erweist sich die Überschätzung der Toleranz heute als eines der größten Hindernisse für eine konstruktive Diskussion über das Religiöse. Denn in unserer postmodernen Gesellschaft geht die Toleranz gegenüber der Religion in der Regel mit einer radikalen Zurückdrängung der Religion in die Privatsphäre einher, mit einer Verbannung des Glaubens in den Bereich der Innerlichkeit und der Ausübung des Glaubens lediglich auf der Ebene eines Hobbys. Wir können zwar begeistert von unserer Leidenschaft für Bootfahren, Golfen oder Pokern sprechen, aber niemand käme auf die Idee, öffentlich zu fordern, dass jeder eine Leidenschaft für solche Aktivitäten haben sollte.

Der Theologe Stanley Hauerwas hat behauptet, dass die zeitgenössische Herrschaft der Toleranz ihre Wurzeln in den ideologischen und politischen Arrangements hat, die auf die verheerenden Religionskriege nach der Reformation gefolgt sind. Da es Protestanten und Katholiken nicht gelungen war, ihre Streitigkeiten über religiöse Lehre, Praxis und Autorität mit Vernunft beizulegen, griffen sie auf Gewalt zurück – eine Gewalt von so gigantischem Ausmaß, dass sie die wirtschaftliche und politische Stabilität Europas untergrub. Aus diesem Grund wurde, nachdem sich der Staub gelegt hatte, eine Art Abkommen zwischen Staat und Kirche geschlossen. Vereinfacht gesagt erklärten die Regierungen den Religionen, dass sie sie tolerieren würden, solange sie sich in die Privatsphäre zurückziehen und aufhören, ein öffentliches Ärgernis zu sein. Infolgedessen legten viele politische Verfassungen, die nach den Revolutionen des 18. und 19. Jahrhunderts formuliert wurden, eine Trennung von Kirche und Staat und eine allgemeine Religionsfreiheit fest.

Darüber hinaus traten fast alle großen Philosophen der frühen Neuzeit – Descartes, Spinoza, Leibniz, Kant und Jefferson, um nur einige zu nennen – für eine Art rationale Religion ein, die die lehrmäßigen Unterschiede zwischen den verschiedenen Glaubensrichtungen wirksam relativieren und damit die von den damaligen politischen Führern geforderte Toleranz rechtfertigen würde. Einer der großen Denker des 17. Jahrhunderts, bei dem diese beiden Stränge perfekt ineinandergriffen, war John Locke, dessen „Vernünftigkeit des Christentums" ein Klassiker des rationalistischen Deismus wurde und dessen „Brief über die Toleranz" ein Modell für einige der wichtigsten Verfassungsregeln der Neuzeit lieferte. Locke argumentierte überzeugend, dass religiöse Toleranz gut für die Religion sei, da keine echte Bekehrung zum Glauben durch gesetzlichen Zwang herbeigeführt werden könne. Und er war der Ansicht, dass eine solch breite Akzeptanz gerade deshalb gerechtfertigt ist, weil das Ziel des Staates – die Förderung des Gemeinwohls – und das Ziel der Religion – das Seelenheil – grundverschieden sind. Hier spüren wir die Anfänge der Privatisierung der Religion, den Ausschluss des Glaubens aus der öffentlichen Sphäre beziehungsweise aus der Arena des Gemeinwohls. Seitdem gewährt der Staat der Religion eine Art Privileg, allerdings zu einem hohen Preis.

Was mit Locke begann, hat sich über die gesamte Neuzeit ausgebreitet. Man denke nur an die John Henry Newman so verhasste Entwicklung im 19. Jahrhundert, dass die Religion aus dem Kreis der akademischen Disziplinen ausgeschlossen wurde, weil man der Meinung war, dass Religion mit privaten und subjektiven Angelegenheiten zu tun habe. Und man denke an die politischen Theorien von Jürgen Habermas, John Rawls und ihren zahlreichen Nachfolgern im 20. und 21. Jahrhundert. Habermas, der ein feines Gespür dafür hat, auf welch vielfältige Weise unsere kommunikativen Handlungen durch Ausgrenzung und Herrschaft verzerrt werden, hat versucht, die Bedingungen der Möglichkeit „idealer" Sprechakte darzulegen. Diese umfassen eine radikale Redefreiheit, eine Vorliebe für Gewaltlosigkeit und die Abwesenheit von Zwang, eine Tendenz zur offenen Debatte, die Akzeptanz der Gleichheit aller Diskussionsteilnehmer und Toleranz gegenüber allen Standpunkten. Auch wenn sie nie ganz erreicht werden, ist Habermas davon überzeugt, dass sie eine Norm darstellen, der man sich so weit wie möglich annähern sollte. Doch genau darin liegt das Problem. Ihre strikte Einhaltung schließt den Rückgriff auf eine Autorität oder eine besondere Offenbarung aus. Wir sollten, so Habermas, ein „mythisches Weltbild" aufgeben, „das Legitimationsfunktion für Inhaber von Herrschaftspositionen übernimmt".[17] Es ist ziemlich offensichtlich, dass religiöse Persönlichkeiten und religiöse Ansichten auf diese Weise von der Diskussionsrunde ausgeschlossen werden.

Religion darf zwar privat ausgeübt werden, aber sie darf sich nicht in offene und säkulare Debatten im öffentlichen Raum einmischen.

John Rawls, der einflussreiche amerikanische Philosoph, verfolgte eine ähnliche Richtung. Er schlug vor, dass eine vollkommen gerechte Gesellschaft eine solche ist, die von Menschen geführt wird, die sich am Gemeinwohl orientieren und hinter dem, was er den „Schleier des Nichtwissens" nannte,[18] agieren. Das bedeutet, dass die Erbauer gerechter sozialer Regeln sich vor ihren eigenen privaten Ansichten, Vorurteilen und Weltanschauungen gewissermaßen die Augen verbinden würden, um sie anderen nicht ungerechtfertigterweise aufzuzwingen. Sie würden nur die abstraktesten Prinzipien der Fairness akzeptieren, die vernünftigerweise auf alle Menschen angewendet werden können, unabhängig von ihren besonderen Vorlieben und Ansichten. Noch einmal: Religion wird zwar als private Praxis toleriert, kann aber per definitionem keine Rolle bei der Bestimmung einer gerechten Gesellschaftsordnung spielen. Wie viele bereits erwähnt haben, spiegelt die Rhetorik der „Religionsfreiheit" (oft auch als „Freiheit der Glaubensausübung" bezeichnet), die heutzutage von vielen Politikern verwendet wird, die von Rawls beeinflusste Philosophie des öffentlichen Lebens wider.

Es ist meiner Meinung nach kein Zufall, dass die Bewegung der „neuen Atheisten" unmittelbar nach den Ereignissen des 11. September entstand. Die Anschläge an diesem schrecklichen Tag bestätigten in den Augen vieler Feuilletonisten die Eingebung der Aufklärungsphilosophen, dass Religion, weil sie irrational ist, notwendigerweise gewalttätig ist. Da religiöse Menschen ihre Differenzen nicht mit Argumenten lösen können, müssen sie auf Aggression zurückgreifen. Es ist daher kein Zufall, dass die prominentesten dieser Religionskritiker für eine möglichst strikte Trennung zwischen Religion und Öffentlichkeit eintreten. Christopher Hitchens, der bekannteste der neuen Atheisten, rief einmal in einer öffentlichen Debatte in Anlehnung an die berühmte Metapher von Thomas Jefferson aus: „Mr. Jefferson, bitte bauen Sie diese Mauer!"[19] All diese Theorien über die Notwendigkeit, die Religion in die Privatsphäre zu verbannen, von Locke bis Hitchens, sind in die Köpfe der meisten Jugendlichen eingesickert, für die dies heute mehr oder weniger selbstverständlich ist.

Das Problem ist jedoch Folgendes: Religionen können eben gerade nicht in die Privatsphäre verbannt werden, weil sie einen Wahrheitsanspruch erheben, und die Wahrheit ist ihrem Wesen nach eine öffentliche Realität. Es wäre lächerlich zu sagen: „Ich bin persönlich davon überzeugt, dass in einem rechtwinkligen Dreieck das Quadrat der Hypotenuse gleich der Summe der Quadrate der beiden anderen Seiten ist." Und es wäre ebenso absurd zu sagen: „Aber ich respektiere voll und ganz, dass das für Sie vielleicht nicht der Fall ist." Solche Aussagen sind akzeptabel, wenn es um Fragen des persönlichen Geschmacks geht, aber sie sind völlig unangebracht, wenn es um Wahrheit und Falschheit geht. Religiöse Behauptungen sind nicht einfach Ausdruck persönlicher Gefühle. Es sind Behauptungen, dass etwas tatsächlich der Fall ist: Gott existiert, Gott kümmert sich fürsorglich um das Universum, die Seele ist unsterblich, Jesus ist der Sohn Gottes und von den Toten auferstanden, die Sakramente sind sichtbare Gnade spendende Zeichen, das direkte und absichtliche Töten von unschuldigen Menschenleben ist absolut böse usw. Und seien wir ehrlich: Die großen Religionen stellen Behauptungen auf, die untereinander unvereinbar sind. Christen behaupten, dass Jesus göttlich ist, Muslime bestreiten dies. Beide können nicht Recht haben. Juden bestreiten, dass Gott eine Dreieinigkeit von Personen ist, Christen behaupten dies. Einer von beiden muss falsch liegen. Katholiken behaupten, dass Jesus in der Eucharistie wirklich, wahrhaftig und substanziell anwesend ist, und die meisten Protestanten sagen, dass die Anwesenheit Gottes im Sakrament symbolisch ist. Diese beiden Behauptungen schließen sich gegenseitig aus.

Was sollen wir also tun? Wie ich eingangs sagte, glaube ich nicht, dass wir zu einer alternativlosen Wahl zwischen fader Toleranz und gewaltsamem Zwang verurteilt sind. Wir brauchen eine öffentliche, lebhafte, zutiefst respektvolle und klare Debatte. Ich möchte hier Locke, Habermas und Rawls folgen und betonen, dass das Fehlen von Zwang eine grundlegende Voraussetzung für eine produktive Diskussion ist. Ich sage dies nicht so sehr als Mensch von heute, sondern vielmehr als Christ. Wenn ich das Argument für Jesus Christus, den Friedensfürsten und unzweideutigen Befürworter von Gewaltlosigkeit und Vergebung, durch Drohungen und Einschüchterungen vorantreiben würde, würde ich mich schlichtweg selbst untergraben. Haben sich religiöse Menschen im Allgemeinen und Christen im Besonderen dieses tragisch widersprüchlichen Verhaltens schuldig gemacht? Absolut – und ich sage das zu unserer Schande.

Aber die Tragödien und Fehler der Vergangenheit sollten nicht als Vorbild für unsere aktuellen Diskussionen dienen. Am Ende des ersten Teils dieses Buches werde ich Thomas von Aquin als ein hervorragendes Beispiel für eine öffentliche und vernünftige Debatte über religiöse Fragen vorschlagen. Lassen Sie mich jedoch zunächst einige Beispiele aus der jüngeren Vergangenheit anführen. Mitte des 19. Jahrhunderts traten in den USA leidenschaftliche Abolitionisten auf, die energisch und öffentlich gegen die Institution der Sklaverei argumentierten. Obwohl sie sich bis zu einem gewissen Grad der Sprache der Philosophie und der Gesellschaftstheorie bedienten, beruhte ihre Argumentation größtenteils auf biblischen Prinzipien. Obwohl Abraham Lincoln nie ein Abolitionist im engeren Sinne war, teilte er viele Grundsätze dieser Bewegung, und als er in seiner zweiten Antrittsrede[20] versuchte, die Bedeutung des Bürgerkriegs in Worte zu fassen, verwendete er ausdrücklich die biblische Sprache des Jüngsten Gerichts, der Vorsehung und der moralischen Abrechnung. Obwohl Lincoln und die Abolitionisten viele Jahre lang auf energischen, ja sogar massiven und militärisch organisierten Widerstand stießen, setzte sich ihr Standpunkt mit der Zeit so weit durch, dass eine Verteidigung der Sklaverei heute als verrückt gelten würde.

In den ersten Jahrzehnten des 20. Jahrhunderts entstand in den Vereinigten Staaten eine große Bürgerrechtsbewegung, die in den 1950er und 1960er Jahren ihren Höhepunkt erreichte. Ihr wortgewaltigster Anführer, Martin Luther King Jr., argumentierte öffentlich gegen Rassentrennung und Rassismus. Wie seine abolitionistischen Vorfahren bediente er sich einer philosophischen und politischen Rhetorik, doch der größte Teil seiner Argumentation war von der Bibel beeinflusst und inspiriert. Als King im August 1963 seine Rede auf den Stufen des Lincoln Memorial in Washington, D.C. hielt, ließ er sich von der Sprache, dem Rhythmus und den moralischen Grundsätzen der Bibel leiten, um für Rassengerechtigkeit zu plädieren. Seine Rede „Ich habe einen Traum" war keine Predigt, sondern eine politische Ansprache, aber ihr Autor hatte nicht das Gefühl, seinen religiösen Glauben in die private und subjektive Sphäre verbannen zu müssen.[21] Er wusste, dass bestimmte Wahrheitsansprüche für sein Christentum zentral waren, und er zögerte nicht, sie im grellen Licht der Öffentlichkeit zu verteidigen. Obwohl King schließlich auf mörderischen Widerstand stieß, erwies sich seine Argumentation als so überzeugend, dass heute nur noch die schlimmsten Extremisten die Rassentrennung und die Rassendiskriminierung verteidigen würden.

Diese Beispiele zeigen, dass ein öffentlicher religiöser Diskurs nicht gewalttätig sein muss und sich mit der Zeit als bemerkenswert überzeugend erweisen kann. Religiöse Behauptungen in den Bereich einer verschwommenen Subjektivität zu verlagern, bedeutet eigentlich, seine Gesprächspartner aufzugeben. Mit Argumenten kann man selbst aus erbitterten Gegnern Verbündete machen.

4. Vermeiden wir eine Verabsolutierung des Willens

Es ist gesagt worden, dass der Gnostizismus die älteste und dauerhafteste Irrlehre im Leben der christlichen Kirche ist, und es gibt gute Gründe für diese Behauptung. Ich glaube jedoch, dass die mächtigste und einflussreichste Häresie heute der Voluntarismus ist, d. h. die Verabsolutierung des Willens oder die Überwältigung der Vernunft durch den Willen. Einfacher ausgedrückt ist Voluntarismus die Ansicht, dass die Dinge wahr sind, weil ich will, dass sie wahr sind. Ich kenne keine komischere (oder erbärmlichere) Veranschaulichung des Voluntarismus als ein Video, das vor einiger Zeit viral ging.[22] Ein Interviewer, ein etwa 1,80 Meter großer männlicher Weißer, ging über einen nicht näher bezeichneten amerikanischen Universitätscampus und sprach wahllos Studenten an. Er fragte sie: „Was wäre, wenn ich Ihnen sagen würde, dass ich eine Frau bin?“ Ausnahmslos alle Studenten antworteten etwas wie „Wenn Sie sich für eine Frau halten, ist das für mich in Ordnung“. Dann ging er noch einen Schritt weiter und fragte: „Was wäre, wenn ich Ihnen sagen würde, dass ich mich als Chinesin betrachte?“ Auch hier antwortete jeder Student, ohne zu zögern: „Nun, dann sind Sie es.“ Schließlich fragte er: „Und wenn ich Ihnen sage, dass ich eine 1,95 Meter große Chinesin bin?“ Hier sträubten sich einige der Befragten, aber am Ende waren sich alle einig, dass sie mit dieser Beschreibung einverstanden wären, wenn er sich wirklich so fühlte. Geschlecht, Rasse und sogar die Körpergröße waren für sie offensichtlich keine objektiven Tatsachen, sondern hingen von einem subjektiven Verlangen ab.

Selbst dem wohlwollendsten Beobachter sollte klar sein, dass diese jungen Menschen einer zutiefst verzerrenden Ideologie verfallen sind, die sie nicht nur von der Realität entfernt, sondern auch eine echte Debatte über die meisten wichtigen Fragen, einschließlich der Religion, praktisch verunmöglicht. Wenn die Realität nach dem Willen einzelner sich entwickelt und abdriftet, werden wir sie nie gemeinsam verstehen können. Wir werden dann nie lange genug im selben geistigen Raum leben, um ein Gespräch führen zu können.

Die Wurzeln dieser Sichtweise sind alt und verworren und reichen mindestens bis ins späte Mittelalter zurück. Damals traten einige Philosophen auf, darunter Johannes Duns Scotus und Wilhelm von Ockham, die eine maximalistische Auffassung von Gottes Macht vertraten. Ihnen zufolge bestimmt Gottes freier Wille das Wesen der Wirklichkeit in all ihren Dimensionen. Die Dinge existieren dann, weil Gott will, dass sie existieren. Mathematische Wahrheiten ergeben sich daraus, dass Gott es so will. Und ethische Prinzipien sind gültig, weil Gott es so will. So ist der Satz des Pythagoras wahr, weil Gott es so bestimmt hat, aber im Prinzip könnte er falsch werden, wenn Gott seine Meinung ändern würde. Ebenso ist Ehebruch nur deshalb schlecht, weil Gott es so bestimmt hat, aber er könnte zu einer Tugend werden, wenn Gottes Wille sich ändern würde.

Die Verabsolutierung des Willens, d. h. die extreme Betonung der *potentia absoluta* (Allmacht), war eine Abkehr vom Ansatz des Thomas von Aquin und vieler anderer, die es ablehnten, einen Keil zwischen das Wesen, den Geist und den Willen Gottes zu treiben. Ich kann diesen Gegensatz im Rahmen dieses kurzen Buches nicht im Detail erörtern. Es genügt festzustellen, dass diese Ansichten bis zum Beginn der Neuzeit, als der Voluntarismus die Oberhand gewann, miteinander im Konflikt standen. Einer der Wege, auf denen der Voluntarismus ins Herz der westlichen Kultur gelangte, waren die Schriften der protestantischen Reformatoren, die meist in philosophischen Schulen ausgebildet wurden, in denen diese Sichtweise vorherrschte. Wer daran zweifelt, braucht sich nur die Ansichten Martin Luthers und Johannes Calvins über die Prädestination von Heiligen und Sündern anzusehen.

Wie so oft in der Ideengeschichte neigt eine starke Position dazu, eine ebenso starke Gegenposition hervorzurufen. Genau das ist passiert, als die modernen Philosophen sich an die Arbeit machten. Die Deisten platzierten einen unterdrückerischen und in seiner Freiheit willkürlichen Gott weit von der Welt entfernt. Spinoza identifizierte Gott im Wesentlichen mit dem Universum, Hegel reduzierte ihn auf das souveräne Selbst, und Romantiker wie Schleiermacher und Emerson spiritualisierten ihn zu einem neutralen Wesen. Doch schon bald sahen die Denker keine Notwendigkeit mehr für einen voluntaristischen Gott, der zu Recht als Feind des menschlichen Gedeihens angesehen und mit einigem Trara von der Bühne gefegt wurde. So erklärte Feuerbach seinen Atheismus mit dem folgenden Schlachtruf: „Das Nein zu Gott ist das Ja zum Menschen.“ Marx tat das Gleiche mit dem Slogan „Religion ist das Opium des Volkes“.[23] Und Nietzsches „Verrückter“ rief aus: „Gott ist tot, und wir haben ihn getötet."[24] So wie der voluntaristische Gott mit *potentia absoluta* ausgestattet ist, verfügt das voluntaristische Selbst über eine wert- und wahrheitsschaffende Kraft. Niemand hat dies deutlicher zum Ausdruck gebracht als Nietzsche, der den Übermenschen lobte, einen Helden, in dem der Wille zur Macht so stark ist, dass er alle moralischen und intellektuellen Systeme, die ihn einschränken würden, zertrümmert. Jordan Peterson weist zu Recht darauf hin, dass Nietzsche selbst in der Abschaffung Gottes und der damit einhergehenden Befreiung des menschlichen Willens nichts Erfreuliches sah.[25] Nietzsche sah im Gegenteil, dass sich dadurch ein Abgrund auftut.

Viele von Nietzsches Nachfolgern, die im 20. Jahrhundert größten Einfluss hatten, waren jedoch nicht so zurückhaltend. Jean-Paul Sartre, der Begründer des Existentialismus, gab in einem Vortrag, den er kurz nach dem Zweiten Weltkrieg in Paris hielt, eine kurze Einführung in seine umstrittene Philosophie. Dieser Aufsatz, der später als kleines Buch mit dem Titel „Ist der Existentialismus ein Humanismus?"[26] veröffentlicht wurde, hat meiner Meinung nach den Ton für einen Großteil des Denkens in unserer heutigen Kultur vorgegeben, selbst der populären. Sartre argumentierte, dass während des größten Teils der westlichen Geschichte, zumindest seit der Zeit Platons, die Essenz als vorrangig gegenüber der Existenz angesehen wurde. Das bedeutet, dass bestimmte Formen, Werte und Sinnprinzipien – die Essenz – Vorrang haben und das Drama eines guten Lebens darin besteht, seinen Willen und sein Verhalten – die Existenz – an diese Gegebenheiten anzupassen. Sartre kehrte diese Reihenfolge um, indem er behauptete, dass die Existenz Vorrang vor der Essenz habe. Seiner Meinung nach hat die menschliche Freiheit Vorrang und legt dann Sinn, Wert und Ziele nach ihren eigenen Regeln fest. Das Drama eines guten Lebens bestünde also gerade nicht darin, die Freiheit auf eine objektive Wahrheit auszurichten, sondern darin, „Authentizität“ zu erreichen, d. h. eine Subjektivität, die sich selbst treu bleibt.

Obwohl Kultur und Staat zentrale Vertreter der objektiven Normativität sind, die von ihrem Sockel gestürzt werden müssten, wenn die Freiheit ihren wahren Ausdruck finden sollte, ist nach Sartres Lehre der Hauptträger von „Essenz“ Gott. In Übereinstimmung mit seinen nietzscheanischen Tendenzen erklärte Sartre daher, dass der Atheismus für den Existentialismus (man verzeihe mir den Ausdruck) essenziell sei. Doch während der Tod Gottes bei seinem deutschen Lehrmeister noch auf einige Vorbehalte gestoßen war, erschien er Sartre als logische Voraussetzung für die neue Philosophie. Er drückte diese Forderung mit logischer Direktheit aus: „Wenn Gott existiert, kann ich nicht frei sein. Ich bin aber frei. Also existiert Gott nicht.“ Wenn Ihnen das wie eine abstrakte Spekulation vorkommt, sollten Sie sich die Entscheidung des Obersten Gerichtshofs der Vereinigten Staaten von 1992 im Fall *Planned Parenthood v. Casey* genau ansehen. Indem die Richter sich für ein uneingeschränktes Recht auf Abtreibung aussprachen, machten sie eine weitreichende philosophische Aussage, die sich vollständig mit Sartres Annahmen deckt: „Es gehört zum Wesen der Freiheit, den Sinn des Lebens, der Existenz und des Universums selbst zu bestimmen“.[27] Eine gründlichere Bestätigung des von Nietzsche inspirierten Voluntarismus ist kaum vorstellbar.

Vor vielen Jahren, als ich ein Doktorand in Paris war, prangte das Eulengesicht von Michel Foucault in den Schaufenstern so ziemlich jeder Buchhandlung in der Stadt. Michel Foucault war Sartres offenkundigster Nachfolger als öffentlicher Intellektueller und wie sein französischer Vorgänger war auch er ein Schüler Nietzsches. Doch während Sartre sich hauptsächlich auf Nietzsches Atheismus und Anthropologie der Selbsterschaffung konzentrierte, legte Foucault großen Wert auf die Machtphilosophie des Deutschen. In akribischen Studien über Gefängnisse, Wahnsinn und Sexualität versuchte Foucault nachzuweisen, dass die angeblich objektiven moralischen Normen in Wirklichkeit sorgfältig getarnte Mittel seien, mit denen bestimmte Gruppen ihre Macht behaupteten. Der Beweis dafür sei seiner Meinung nach, dass diese scheinbar absoluten Normen von Ort zu Ort und von Zeit zu Zeit dramatisch variieren. Einmal mehr scheint der Wille zur Selbstbehauptung im Einklang mit voluntaristischen Annahmen über vermeintlich konstante und die Zeiten überdauernde Wahrheiten zu triumphieren und diese zu relativieren.

Mir ist bewusst, dass es sich hierbei um hochphilosophische Konzepte handelt, die ursprünglich an gepflegten Universitäten und in Salons geäußert wurden. Aber man müsste schon taub und blind sein, um nicht zu bemerken, wie sehr sie die allgemeine Kultur zu Beginn des 21. Jahrhunderts durchdrungen haben. „Wer bist du, um mir vorzuschreiben, was ich zu denken oder wie ich mich zu verhalten habe?" „Hör auf, mir deine Werte aufzuzwingen." „Ich habe die Freiheit zu entscheiden, was für eine Art Mensch ich sein will." „Was du mir sagst, ist nur ein

Versuch, mich zu kontrollieren." „Die sogenannten ewigen Dinge sind Teil eines Systems, mit dem die Mächtigen ihre Position verteidigen und die Stimmen der Ausgegrenzten unterdrücken." Diese vertrauten Aussagen, die man überall hört, wo junge und nicht mehr ganz so junge Menschen aufeinandertreffen, zeugen von dem außerordentlichen Einfluss, den die Verabsolutierung des Willens durch Nietzsche, Sartre, Foucault und ihre unzähligen Anhänger an den Universitäten, in den Redaktionen und bei den Koryphäen der Popkultur ausübt.

Vielleicht fragen Sie sich: „Was hat das alles mit der Frage nach dem Argumentieren über Religion zu tun?" In einem Wort: alles. Wenn nämlich der Voluntarismus herrscht, gibt es keinen Platz für Argumente, weil die Wahrheit durch und durch individualisiert und relativiert wird. Wenn der Wille eines jeden absolut ist, verschwindet die Möglichkeit einer konstruktiven Diskussion auf einer gemeinsamen Grundlage, und alles, was übrig bleibt, ist ein Zusammenstoß von Freiheiten. In Nietzsches Verständnis kann die Behauptung, dass eine Aussage wahr ist, nur als Machtspiel verstanden werden und kann (und muss) daher mit einer noch größeren Machtanmaßung bekämpft werden. Können Sie sehen, wie die Übernahme des Voluntarismus unsere öffentlichen Räume – insbesondere die Universitäten – direkt in ideologische Schlachtfelder verwandelt hat? Niemand *argumentiert* mehr. Man schreit sich nur noch gegenseitig nieder und beansprucht den Opferstatus.

5. *Versuche, die Position deines Gegners zu verstehen*

Nach einer ganzen Menge hochtrabenden Philosophierens möchte ich mich in diesem kurzen Kapitel mit einer eher praktischen Frage befassen. Wie eingangs erwähnt, nehme ich seit vielen Jahren an Diskussionen und Debatten im Internet teil und habe – oft aus schmerzlicher Erfahrung – gelernt, was meine Eingriffe entweder nützlich oder schädlich macht. Viel zu oft, wenn ich den Schmerz einer Zurechtweisung oder eines beleidigenden Gegenarguments spüre, stürze ich mich in eine Antwort, die eher giftig als klärend ist. Oder ich will meinen intellektuellen Scharfsinn zur Schau stellen und nehme eine schlecht formulierte Bemerkung auseinander, ohne darauf zu achten, dass sich hinter den unscheinbaren Worten auf dem Bildschirm eine echte Person verbirgt. Mit solchen Manövern kommt die Diskussion zum Erliegen.

Deshalb empfehle ich als notwendige Voraussetzung für einen konstruktiven Dialog über Religion, dass alle Teilnehmer ihr Ego beiseiteschieben und einander zuhören, um den Standpunkt oder die Sichtweise des anderen wirklich zu verstehen. Mit dieser Vorgehensweise lassen sich mehrere wichtige Dinge erreichen. Erstens hilft sie, leidenschaftliche Gefühle zu beruhigen. Ich bin für Gefühle und verstehe natürlich, dass Religion diese anfacht; aber ich weiß auch, dass leidenschaftliche Emotionen die Dinge vernebeln und das Licht der Vernunft verdunkeln können. Allein die einfache, emotionslose Bitte an den Gesprächspartner, seine Position zu verdeutlichen, schafft eine Art „Auszeit“ und ermöglicht einen vernünftigeren Austausch. Zweitens zeigt jene Vorgehensweise Respekt für die Person, die die Worte geschrieben hat, was gut für sie und für einen selbst ist. Denn eine Person, die nicht respektiert wird, wird wahrscheinlich nicht zuhören und wahrscheinlich auch nicht meine volle Aufmerksamkeit erhalten. Drittens kann die Frage oder Beobachtung dadurch weiter verfeinert werden, so dass eine Antwort gezielter und hilfreicher sein kann. Ich habe – wiederum aufgrund zahlreicher Erfahrungen an vorderster Front – festgestellt, dass es fünf oder sechs Wortwechsel brauchen kann, bis ein Gesprächspartner und ich wirklich zum Kern der Sache vordringen. John Henry Newman stellte einmal fest, dass Ideen nicht auf der gedruckten Seite existieren, sondern im „Spiel des wachen Geistes“ (*play of lively minds*). Wenn wir eine Idee erhalten, nehmen wir sie nicht stumpfsinnig auf, sondern wir drehen sie um, betrachten sie aus verschiedenen Blickwinkeln, entlocken ihr ihre Bedeutungen usw. Dann schicken wir sie wie in einem Spiel an unseren Partner zurück, der ungefähr das Gleiche tut. Durch diesen Beobachtungsprozess werden alle Aspekte einer Idee beleuchtet. Dieser unverzichtbare Prozess endet schlichtweg, wenn wir auf eine Frage oder Anfechtung mit einem abwertenden, stichelnden oder vorgefertigten Einwand antworten.

Als ich in den 1980er Jahren das Priesterseminar besuchte, war die Psychologie von Carl Rogers in der Priesterausbildung sehr in Mode. Zumindest in der etwas vereinfachten Version, die mir beigebracht wurde, ermutigte Rogers jeden Berater oder Therapeuten, auf einen Klienten mit „bedingungsloser positiver Wertschätzung“ zu reagieren und ihm das zu spiegeln, was er den Klienten während des Gesprächs hatte sagen hören. Zum Beispiel: „Das klingt, als wäre das für Sie eine sehr schmerzhafte Situation“ oder „Was ich höre, ist, dass Ihr Mann Ihnen wirklich keine Aufmerksamkeit schenkt“. Dieser doppelte Ansatz, so Rogers, würde es dem Analysanden ermöglichen, seine verborgenen Gefühle und Ängste an die Oberfläche zu bringen.

Es liegt mir fern, diesen Ansatz unkritisch zu empfehlen, aber ich denke, dass einiges davon im Zusammenhang mit religiösen Auseinandersetzungen und Diskussionen hilfreich sein kann. Als Antwort auf eine scharf formulierte Anfechtung könnte man beispielsweise sagen: „Ich glaube, Sie sagen, dass schweres menschliches Leid einfach nicht mit der Behauptung vereinbar ist, dass Gott unendliche Liebe ist“ oder „Ich spüre hinter Ihrer Frage die Sorge, dass der Glaube an Gott zu einer Verringerung der menschlichen Verantwortung führt“, oder „Gehe ich recht in der Annahme, dass Sie sich fragen, ob man die klassischen Argumente für Gott mit den Erkenntnissen der heutigen Wissenschaft vereinbaren kann?“ Die Chancen stehen nämlich gut, dass Ihr Gesprächspartner etwas Richtiges sagt und dass er, wenn auch ungeschickt oder genervt, einen Standpunkt vertritt, der im Laufe der Jahrhunderte von vielen sehr klugen Menschen vertreten wurde. Wenn es um philosophische oder religiöse Themen geht, herrscht unweigerlich eine gewisse Komplexität oder Mehrdeutigkeit vor, und schlagkräftige Argumente sind selten. Wenn man all diese Themen mit Bescheidenheit und einer Prise Humor angeht, kann dies einen fruchtbaren Austausch erheblich fördern.

Der große protestantische Theologe Paul Tillich bezeichnete die Religion als das, was den Menschen „unbedingt angeht" (*ultimate concern*).[28] Ein Mensch sorgt sich um viele Dinge – um das Wohlergehen seiner Familie, sein Bankkonto, die schulischen Leistungen seiner Kinder, wer der nächste Präsident wird usw. –, aber inmitten all dieser unmittelbaren Sorgen gibt es notwendigerweise etwas, das ihn bedingungslos und uneingeschränkt betrifft, etwas, das für ihn einen ultimativen Wert hat. Das ist seine Religion! Wenn wir also ein religiöses Thema ansprechen, müssen wir uns darüber im Klaren sein, dass wir uns tatsächlich auf sehr heiligem Boden befinden, bei etwas, das für unseren Gesprächspartner von größter Bedeutung ist. Wenn wir etwas sagen, das seinen Annahmen in diesem Bereich zuwiderläuft, dürfen wir uns nicht wundern, wenn er heftig, leidenschaftlich oder sogar ein wenig irrational reagiert. Viel zu häufig trampeln Menschen, die den Raum des Internets betreten und versuchen, ein Gespräch über Religion zu führen, aggressiv herum, gleichgültig gegenüber den leidenschaftlichen Gefühlen, die notwendigerweise mit den religiösen Überzeugungen ihrer Gesprächspartner einhergehen. Wir sollten vorsichtig sein, wenn es um Religion geht. Wir sollten unsere Schuhe auf dem heiligen Boden ausziehen.

6. *Folgen wir dem Beispiel von Thomas von Aquin*

Zum Abschluss des ersten Teils dieses Buches möchte ich ein konkretes Modell für eine rationale, vernünftige, öffentliche und fruchtbare Debatte über Religion vorschlagen. Auch auf die Gefahr hin, diejenigen zu überraschen, die den modernen Denkrahmen für den nützlichsten halten, möchte ich ins Mittelalter und zu einer Figur zurückkehren, die den meisten Bürgern der heutigen digitalen Welt wahrscheinlich wenig bekannt ist: Thomas von Aquin. Es herrscht weitgehend Einigkeit darüber, dass Thomas der größte aller Doktoren (Lehrer) war, die im aufkommenden Universitätssystem des 13. Jahrhunderts in Europa erblühten. Obwohl es in den Klosterschulen der christlichen Welt bereits ein reiches intellektuelles Leben gab, entstanden ab den frühen 1200er Jahren an Orten wie Neapel, Padua, Oxford, Bologna und Paris echte Universitäten, an denen die gesamte Bandbreite der akademischen Disziplinen praktiziert wurde. Im Gegensatz zu den eher schwerfälligen Klosterschulen, die sie ersetzten, waren die mittelalterlichen Universitäten städtisch und kosmopolitisch, und der Denkstil, der dort vermittelt wurde, war schärfer, rationaler und skeptischer. Man muss nur an den Unterschied zwischen Anselm von Canterbury und Abaelard von Paris denken, um sich eine Vorstellung von diesem Wandel zu machen.

Thomas wurde um 1250 im Alter von gerade einmal 25 Jahren *Magister* (Meister oder Professor) der Theologie an der Universität von Paris. Dort verdiente er sich schnell seinen Platz als kompetentester intellektueller Kämpfer seiner Zeit. Ich verwende bewusst den Begriff „Kämpfer", denn das wichtigste Lehrmittel der mittelalterlichen Universität war nicht die Vorlesung, wie wir sie kennen, sondern die *quaestio disputata* (die Streitfrage), eine öffentliche Debatte und ein lebhafter und manchmal lautstarker intellektueller Austausch zwischen Meistern und Schülern. In der Regel schlug ein Magister ein Thema zur Diskussion vor – z. B. die Göttlichkeit Jesu, die Tugenden oder die Macht Gottes –, und anschließend versammelte sich eine Schar von Studenten, anderen Professoren und interessierten Zuschauern. Der Meister nahm zunächst die Einwände der Zuhörer entgegen („Jesus kann nicht göttlich sein, denn die Schriften betonen immer wieder seinen menschlichen Charakter" oder „Gott kann nicht allmächtig sein, denn er kann bestimmte Dinge nicht bewirken") und antwortete dann aus dem Stegreif, so gut er konnte. Am nächsten Tag versammelte sich die gleiche Gemeinschaft erneut. Nun präsentierte der Meister, der in der Zwischenzeit alle Einwände geprüft und seine eigenen Gedanken geklärt hatte, die endgültige Lösung des Problems.

Ich bin mir bewusst, dass die Texte von Thomas extrem trocken erscheinen mögen, aber wir dürfen nicht vergessen, dass sie literarische Konzentrate von *quaestiones disputatae* sind, jenen lebhaften Diskussionen, die frei ausgetragen werden. Wenn wir in Thomas' Meisterwerk, der *Summa theologiae*, nachschlagen, finden wir Beschreibungen von Hunderten und Aberhunderten dieser Debatten, die vor vielen Jahrhunderten stattgefunden haben. Das Erste, was einem Leser von Thomas auffallen mag, sind die Weite und die Freiheit seines Geistes. Er stellt nicht nur unzählige Fragen, sondern scheint auch nichts von vornherein auszuschließen. Das beste Beispiel dafür ist Artikel 3 der zweiten Frage des ersten Teils der *Summa: „Utrum Deus sit?"* („Ob Gott existiert?").[29] Wenn ein Dominikanermönch diese Frage stellen darf, ist alles erlaubt und nichts so gefährlich, dass man nicht darüber sprechen könnte. Nachdem er die Frage formuliert hat, prüft Thomas eine Reihe von Einwänden gegen die Position, die er am Ende einnehmen wird. In vielen Fällen spiegeln diese die tatsächlichen Fragen und Gegenargumente wider, die er während der *quaestiones disputatae* von seinen Zuhörern gehört hatte. Was uns hier jedoch besonders interessiert, ist, dass Thomas diese Einwände immer in ihrer überzeugendsten Form präsentiert und sie oft prägnanter und schlagkräftiger formuliert als deren Verfechter.

Als Beweis für diese Freizügigkeit erwähnen wir die Tatsache, dass während der Aufklärung rationalistische Philosophen manchmal Thomas' Einwände aufgriffen und sie benutzten, um ihre eigenen antireligiösen Behauptungen zu untermauern! Zur Veranschaulichung von Thomas' entschlossener Weigerung, sich auf Scheingefechte einzulassen, betrachten wir im Folgenden seine umwerfend überzeugende Formulierung des Arguments für die Nichtexistenz Gottes aus dem Problem des Übels (*argument from evil*): „Wenn einer von zwei Gegensätzen unendlich wäre, würde der andere völlig zerstört. Nun wird aber Gott als das unendlich Gute bezeichnet. Wenn Gott existieren würde, würde das Übel nicht existieren. Das Übel existiert jedoch. Deshalb gibt es Gott nicht."[30] Nun,

Thomas gibt in der Tat eine erhellende Antwort auf diesen Einwand, aber es bleibt ein teuflisch gutes Argument. Darf ich darauf hinweisen, dass unsere Diskussionen über Religion heute viel fruchtbarer wären, wenn alle Seiten bereit wären, die Position ihrer Gegner so respektvoll und überzeugend wie möglich zu formulieren?

Nachdem Thomas die Einwände formuliert hat, schlägt er in der sogenannten *Respondeo* (Ich antworte) seine eigene entscheidende Lösung für das Problem vor. Ich habe darauf hingewiesen, dass die mittelalterliche intellektuelle Diskussion offen und frei war, bereit, sich jeder Frage zu stellen, und von heftigen Meinungsverschiedenheiten geprägt. Sie war sicherlich nicht von unserem postmodernen Zaudern geprägt, dem endlosen Hinausschieben von etwas wie einer endgültigen *Antwort* auf eine Frage. Während viele heute befürchten, dass eine intellektuelle Entscheidung gleichbedeutend mit Ausgrenzung oder Beleidigung ist, wusste Thomas, was auch G. K. Chesterton wusste: dass ein offener Geist wie ein offener Mund ist, d. h. dazu bestimmt, am Ende auf etwas Festes und Nahrhaftes zu beißen. Eine intellektuelle Entscheidung (vom lateinischen *de-caedere*, „abschneiden") ist immer eine etwas blutige Angelegenheit, da sie den Ausschluss jeder konkurrierenden Meinung beinhaltet. Doch ohne eine solche Entscheidung verkommt jede Diskussion zur Beliebigkeit. Nachdem Thomas seine Antwort dargelegt hat, kehrt er schließlich zu den anfänglichen Einwänden zurück und beantwortet sie im Hinblick auf seine Lösung. Es ist bemerkenswert, dass Thomas' typische Technik darin besteht, etwas Richtiges in der Position des Gegners zu finden und auf diese Weise das Falsche darin zu korrigieren. Auch hier zeigt er eine außergewöhnliche Großzügigkeit, indem er das Positive hervorhebt und seinem Gegner eher schmeichelt, als ihn platt zu machen.

Während des gesamten Prozesses – bei der Artikulation der Einwände, der Formulierung des *Respondeo* und der Antwort auf die Einwände – schöpft Thomas aus einer erstaunlichen Bandbreite von Quellen: natürlich aus der Bibel und den Kirchenvätern, aber auch von so klassischen Philosophen wie Aristoteles, Platon und Cicero, dem jüdischen Gelehrten Moses Maimonides und islamischen Denkern wie Averroes, Avicenna und Avicebron. Auf diese Persönlichkeiten bezieht er sich stets mit größtem Respekt. Er bezeichnet Aristoteles schlicht als „den Philosophen" und spricht von Maimonides als „Rabbi Moyses". Man kann mit Fug und Recht behaupten, dass Thomas von Aquin in wesentlichen Punkten nicht mit ihnen übereinstimmt, und doch ist er mehr als bereit, ihnen zuzuhören, auf ihre Argumente einzugehen und sie ernst zu nehmen.

Die thomistische Methode schafft einen sicheren Ort („*safe space*"), um einen modischen Begriff zu verwenden, um über Religion zu diskutieren. Dieser Ort ist jedoch nur für Erwachsene und nicht für ängstliche Kinder bestimmt. Er zeichnet sich durch Offenheit, tiefen Respekt, das Aufwerfen aller Fragen und den Einbezug verschiedener Stimmen aus. Und doch ist es ein Ort, an dem Wahrheit gesucht und eingefordert wird. Darf ich in aller Bescheidenheit vorschlagen, dass dies kein schlechtes Modell für unsere aktuelle Diskussion über die ernsthaftesten Dinge wäre?

Zweiter Teil:

Religion und die Öffnung des Geistes

Ein Ausdruck, den es in meiner Kindheit noch nicht gab und der heute zur Alltagssprache gehört, ist „Suchmaschine". Es gibt Dutzende, wenn nicht Hunderte dieser komplexen Werkzeuge, mit denen man das World Wide Web nach Informationen durchsuchen kann. Google, Yahoo, Bing und viele andere bieten uns, was sich unsere Vorfahren nur in ihren kühnsten Träumen hätten vorstellen können, nämlich einen nahezu sofortigen Zugang zu den meisten Informationen, über die die Menschheit verfügt. Mit einem Tastendruck kann ich auf einen Artikel aus Thomas von Aquins *Summa theologiae*, Dantes gesamte *Göttliche Komödie*, eine ausführliche Zusammenfassung der Relativitätstheorie, das spanische Wort für „Tanz", das Endergebnis des dritten Spiels der Baseball World Series von 1937 und alle Figuren der amerikanischen Satiresendung „F Troop" zugreifen. Alles, was unser Geist (wenn nicht gar unser Herz) begehrt, steht uns bereitwillig zum Konsum zur Verfügung.

Dieser Moment in unserer zivilisatorischen Entwicklung hat eine erstaunliche Verbindung zur Religion. Eine der merkwürdigen Eigenschaften unseres Intellekts ist, dass er ständig, ja sogar rastlos sucht. Ein tief verwurzelter Instinkt treibt uns dazu, etwas wissen zu wollen. Deshalb stellen wir hartnäckig Fragen und bemühen uns, Antworten zu finden. Doch wenn wir die Antworten finden, nach denen wir gesucht haben, sind wir nicht zufrieden. Im Gegenteil, es tauchen Dutzende weiterer, oft unerwarteter Fragen auf. Es kann vorkommen, dass wir uns während unserer geistigen Suche ein wenig ausruhen, aber nur wie die kurze Rast eines Bergsteigers beim Aufstieg: flüchtig, unbeständig, um wieder zu Atem zu kommen. Diesem Instinkt folgend habe ich oft längere Zeit vor dem Computer verbracht, um einer Reihe von Fragen nachzugehen, die mich von einer Website zur nächsten führte und mich dazu brachte, Themen zu erforschen, die ich ursprünglich gar nicht erforschen wollte, nur um festzustellen, dass sie noch spannender waren als das, was ich ursprünglich hatte herausfinden wollen. Offensichtlich geht diese Suche unendlich weit über das hinaus, was für unser biologisches Überleben absolut notwendig ist. Während ein Tier seine Intelligenz einsetzt oder seinem Instinkt folgt, um eine Handvoll grundlegender Güter zu finden, will der Mensch eine beliebige Anzahl völlig nutzloser und unpraktischer Dinge wissen: philosophische Wahrheiten, die ästhetische Dimension der Wirklichkeit, rein abstrakte Mathematik usw. Dies als bloße Begleiterscheinung des evolutionären Überlebensinstinkts zu betrachten, erschiene mir hoffnungslos reduktionistisch.

In seinen Überlegungen zur Erkenntnistheorie spricht Thomas von Aquin vom *intellectus agens* (aktiver Intellekt). Da das lateinische Wort *agens* ein Partizip Präsens ist, wäre eine genauere Übersetzung „suchender Geist" oder „handelnder Geist". Thomas zufolge nehmen die Sinne Rohdaten auf, die Vorstellungskraft hält sie fest, um sie zu betrachten, und schließlich beginnt der *intellectus agens*, sie zu analysieren, indem er immer wieder die Frage stellt: „Quid sit?" („Was könnte das sein?") Sobald er eine Antwort gefunden hat, erkennt er diese als unvollständig und vorläufig und fragt daher erneut: „Quid sit?" Dieses hartnäckige Fragen kann bei jedem Kind beobachtet werden, bis wir es davon abbringen oder es ausreichend entmutigt haben – aber der Geist geht immer weiter und bemüht sich, die Wahrheit in ihrer Fülle zu erfassen. Beispielsweise unterwerfen meine Sinne und meine Vorstellungskraft die Computertastatur der Betrachtung meines aktiven Intellekts. Mein rastloser Geist fragt sich, was dies sein könnte, und formuliert die Antwort: ein Gerät zur Datenübertragung an meinen Computerbildschirm. Aber was ist ein Gerät zur Übertragung von Daten an einen Computerbildschirm? Es ist eine Art Maschine. Und was ist eine Maschine? Sie ist ein physisches Objekt, das für einen bestimmten Zweck hergestellt wird. Und was ist das? Es ist ein physisches Ding. Und was ist ein physisches Ding? Ist es eine Art von Wirklichkeit? Und was bedeutet es, wenn man sagt, ein Ding sei wirklich? Durch eine Reihe einfacher Fragen erhebt sich der Geist über ein ganz bestimmtes Objekt und tritt aus diesem heraus, zum Horizont all dessen, was im unendlichen Ozean des Seins selbst erkennbar ist. Bernard Lonergan hat dies zusammengefasst, indem er sagte, der Verstand wolle letztlich „alles über alles wissen", oder um denselben Gedanken in explizit theologischer Sprache zu formulieren: Er sucht die Vorstellung von Glückseligkeit, die Vorstellung Gottes – nicht ein weiteres Wahres, sondern die Wahrheit selbst, die Wahrheit in ihrer unbedingten Form. Der Geist ist zwar zunächst leer, aber es ist die Leere eines Magens, nicht die einer Schachtel. Das bedeutet, dass der Geist, obwohl er zunächst keinen bestimmten Inhalt in sich trägt, nicht stumpfsinnig passiv ist und nur darauf wartet, gefüllt zu werden, sondern dass er weiß, was er will, und aktiv danach sucht.

Ich hoffe, Sie verstehen jetzt, warum ich der Meinung bin, dass es eine erstaunliche Verbindung zwischen Suchmaschinen und Religion gibt. Beide sind in gewisser Weise Ausdruck unseres unbegrenzten Wissensdurstes. Und beide sind eng mit der Unruhe des *intellectus agens* verbunden. Mein Hauptargument in diesem Teil möchte ich gleich zu Beginn und ohne Umschweife darlegen: Mein schwerwiegendster Einwand gegen Säkularismus und Atheismus ist, dass sie die Abschaltung des Verstandes mit sich bringen. Obwohl alte und neue Skeptiker und Atheisten dazu neigen, sich einen Mantel der Vernunft umzuhängen, fürchte ich, dass sie in Wirklichkeit Feinde der Vernunft sind, und zwar genau in dem Maße, in dem sie die interessantesten Fragen fallen lassen oder ausschließen. Sie sperren den Geist in die Grenzen des „verschlossenen Selbst" ein, auf das ich mich bereits an früherer Stelle bezogen habe, und lassen nur bestimmte Arten von Fragen zu, nämlich diejenigen, die in einem materialistischen Bezugssystem auftauchen. Obwohl die Religion regelmäßig als abergläubisch und irrational verunglimpft wird, steht sie in ihrer besten Form immer noch für die Öffnung des Geistes, den vollen Einsatz des *intellectus agens* und die Befreiung des Geistes. Wittgenstein sagte, ein großer Teil der Philosophie bestehe darin, „der Fliege den Ausweg aus dem Fliegenglas zu zeigen",[31] d. h. den Geist aus dem engen und stickigen Raum zu befreien, in den er sich aus verschiedenen Gründen selbst eingeschlossen hat. Echte Religion – und nicht ihr leichtgläubiges und naives Scheinbild, das von Rationalisten so oft kritisiert wird – lässt die Fliege aus der Flasche entkommen und ermöglicht es dem Geist, sich zu erheben.

7. Ein Argument für die Existenz Gottes

Zunächst möchte ich diese Dynamik anhand eines klassischen Arguments für die Existenz Gottes veranschaulichen. In der genaueren Beweisführung werde ich versuchen zu zeigen, dass der rastlose Geist sein letztes Ziel nicht in der Betrachtung kontingenter Ereignisse und Ursachen findet, sondern in der Suche nach einer ultimativen Wirklichkeit. Für Gott zu argumentieren, anstatt über weltliche Dinge und Ereignisse zu diskutieren, ist ein Merkmal des *intellectus agens* in seiner abenteuerlichsten Form.

Die Menschen haben schon immer über die Existenz Gottes diskutiert. Viele unserer größten Denker – Aristoteles, Augustinus, Anselm, Thomas von Aquin, Bonaventura, Descartes, Leibniz und Whitehead, um nur einige zu nennen – haben rationale Beweise für die Existenz Gottes erbracht. Und praktisch ebenso viele bedeutende Philosophen und Wissenschaftler – Hume, Feuerbach, Freud, Sartre, Russell, Dawkins usw. – haben selbstbewusst behauptet, diese Beweise widerlegt zu haben. Selbst viele tiefgläubige Menschen äußern Vorbehalte gegenüber einer Argumentation für Gott, da sie ihrer Meinung nach auf Götzendienst hinausläuft, weil sie Gott sozusagen unseren Rationalitätsvorstellungen unterwirft.

Im Zuge der Kritik der „neuen Atheisten" zu Beginn des 21. Jahrhunderts ist das Interesse an diesen Argumenten wieder aufgeflammt, sowohl bei ihren Befürwortern als auch bei ihren Gegnern. Obwohl ich die Bedenken vieler meiner Mitgläubigen hinsichtlich der Gefahr des intellektuellen Götzendienstes, die dieser Ansatz mit sich bringt, teile, bin ich der Meinung, dass die kritische und sorgfältige Prüfung der Beweisführungen letztlich der Kirche zugutekommt: nicht nur aus apologetischen Gründen, sondern auch, weil eine solche Anstrengung dazu dient, der materialistischen Selbstgefälligkeit den Geist zu entlocken und das verschlossene Selbst herauszufordern.

Vor vielen Jahren las ich das berühmte Gespräch zwischen Bertrand Russell, dem prominentesten Atheisten des 20. Jahrhunderts, und F. C. Copleston, dem großen jesuitischen Philosophiehistoriker, das ursprünglich im Radio übertragen wurde.[32] Copleston legte knapp und überzeugend die von Leibniz im 17. Jahrhundert vorgeschlagene Version des Kontingenzarguments dar. Russell weigerte sich daraufhin hartnäckig über viele Seiten hinweg, wie auch immer auf das Argument einzugehen. Indem er behauptete, dass er Coplestons Sprache als unverständlich betrachte, stimmte er dem Argument weder zu, noch widersprach er ihm. Er wollte einfach nicht mitspielen und bestand darauf, dass die Suche nach einem Grund für die Existenz des Universums unsinnig sei, da, wie er sagte, „die Welt einfach da ist". Meine tiefe Enttäuschung über Russells Unnachgiebigkeit kam mir jedes Mal in den Sinn, wenn ich in den letzten Jahren die neuen Atheisten las und ihnen zuhörte. Wieder und wieder haben Christopher Hitchens, Richard Dawkins, Sam Harris und ihre Kollegen erklärt, dass „Materie ewig ist" oder „die Welt einfach aus dem Nichts entstanden ist", wenn sie mit Varianten des kosmologischen Arguments konfrontiert wurden. Wenn Ihnen diese „Antworten" erbärmlich unbefriedigend erscheinen, haben Sie Recht. Für Gott zu argumentieren ist meiner Meinung nach wünschenswert, schon allein deshalb, weil es uns von einem materialistischen Dogma befreit und dem Verlangen des suchenden Geistes gerecht wird.

Thomas von Aquin, der sich der Gefahr eines intellektuellen Götzendienstes zutiefst bewusst war, bezeichnete seine Argumente für Gott nie als „Beweise", sondern nur als *viae* (Wege oder Pfade).[33] Er verstand sicherlich, dass jeder Gott, der wie eine geometrische Demonstration „bewiesen" werden kann, kaum unserer Anbetung würdig wäre und wahrscheinlich nicht die Eigenschaften des Gottes besäße, den die Bibel als im Wesentlichen „verborgen" beschreibt. Dennoch war Thomas der Ansicht, dass der Verstand zumindest durch eine angemessene philosophische Unterweisung zu Gott geführt werden könne – wiederum in der Art einer *manuductio*, einer Hinführung.

Ich möchte nun ein Argument für die Existenz Gottes darlegen, das zwar mit keinem der fünf Argumente von Thomas von Aquin in der *Summa theologiae* identisch ist, aber Elemente einiger von ihnen aufgreift und, so hoffe ich, ganz im Sinne von Thomas ist. Es beginnt, wie die ersten drei Argumente von Thomas, mit der Tatsache der Kontingenz, d. h. der Abhängigkeit in der ontologischen Ordnung. Dinge und Zustände von Dingen existieren, aber sie müssen nicht existieren. Genauer gesagt: Sie existieren, aber es gibt keine Notwendigkeit dafür. Nehmen wir zum Beispiel die Situation, die herrscht, während ich diese Worte tippe. Zwar gibt es sie, aber es gibt keinen zwingenden Grund dafür. Ich hätte zum Beispiel nie geboren werden können. Mein Computer hätte heute Morgen abstürzen können. Ich hätte eine andere Tätigkeit wählen können. Der Schreibtisch, auf dem der Computer steht, hätte kaputt gehen können. Der Raum, in dem ich mich befinde, hätte auf 100 Grad aufgeheizt werden können usw. – es gäbe unendlich viele kontrafaktische Möglichkeiten, die ich aufzählen könnte. Entscheidend ist, dass die Dinge anders hätten sein können. Das bedeutet wiederum, dass diese Situation – ich sitze an einem Tisch und schreibe – in sich selbst keinen hinreichenden Grund für ihre Existenz enthält. Sie kann nur durch Ursachen außerhalb ihrer selbst erklärt werden. (Es ist übrigens diese Ahnung, die allen Naturwissenschaften zugrunde liegt. Eigentlich ist es ziemlich erstaunlich, ja sogar mysteriös, dass jeder Naturwissenschaftler – Physiker, Chemiker, Psychologe, Biologe – automatisch nach Ursachen für die von ihm untersuchten Phänomene sucht.)

Mein Eintippen dieser Worte hängt also von äußeren Ursachen ab, die hier und jetzt ein Potenzial realisieren und etwas Wirklichkeit werden lassen, das sonst nur eine Möglichkeit geblieben wäre. Dazu gehören (wie bereits angedeutet): die Temperatur des Raumes, in dem mein Computer und ich uns befinden, mein mindestens vergleichsweise guter Gesundheitszustand, die Stabilität des Schreibtisches, auf dem der Computer steht, die korrekte Funktion meines Nerven- und Muskelsystems, die Ideen und Wörter, die mir durch den Kopf gehen und mein Schreiben ständig beeinflussen, meine Motivation, dieses Buch fertigzustellen usw. Nachdem wir festgestellt haben, dass eine kontingente Sachlage auf einer Reihe von Ursachen beruht, die sich verwirklichen, stellt sich unser rastloser Geist natürlich die Frage: Werden diese Ursachen ihrerseits verursacht, oder erklären sie sich selbst? Nun, es ist ziemlich offensichtlich, dass alle eben erwähnten Ursachen tatsächlich kontingent sind. Die Raumtemperatur hängt von der äußeren Umgebung und dem Heizsystem meines Gebäudes ab. Meine gute Gesundheit wird durch eine Reihe von Faktoren innerhalb meines Organismus verursacht. Die Stabilität meines Schreibtisches hängt von der Stabilität des Bodens ab, auf dem er steht. Die Ideen in meinem Kopf werden von den Synapsen in meinem Gehirn bestimmt. Die Motivation, dieses Buch zu schreiben, ist, wie wir bereits gesehen haben, in einer ganzen Reihe von weitergehenden Motivationen verwurzelt. Haben wir die Frage also gelöst? Wohl kaum. Denn schon die einfachste Überlegung zeigt, dass alle diese Bedingungen ihrerseits bedingt sind: die Temperatur der äußeren Umgebung durch atmosphärische Faktoren, die Gesundheit meines Organismus durch sein reibungsloses Funktionieren auf Zellebene, die Stabilität des Bodens durch die Stabilität der Erdoberfläche usw. Und diese wiederum werden durch andere Faktoren bedingt – und so weiter. Die verschiedenen Naturwissenschaften haben in der Tat enorm dazu beigetragen, diese unzähligen Ebenen von Ursachen zu bestimmen, die, während sie andere Ursachen verwirklichen, selbst verwirklicht werden.

Was kann also nicht der Fall sein? Es kann nicht sein, dass sich diese Kette von kontingenten und bedingten Ursachen unendlich fortsetzt. Denn wenn wir das erste Element einer solchen Kette unterdrücken, unterdrücken wir alle nachfolgenden Ursachen und damit auch die Sachlage, die wir gerade betrachten. Um auf unser Beispiel zurückzukommen: Wenn wir einfach endlos weitermachen und ein Beispiel von verwirklichten Verwirklichern nach dem andern anführen, werden wir niemals in der Lage sein, mein Eintippen dieser Worte richtig zu erklären. Wir müssen daher auf eine Realität schließen, die verwirklicht, ohne selbst verwirklicht worden zu sein, d. h. auf eine erste Ursache kontingenter Zustände. Kurz gesagt könnte ich die Beweisführung folgendermaßen darstellen: Der rastlose Geist folgt unweigerlich dem Prinzip des zureichenden Grundes, was bedeutet, dass kontingente Dinge und Ereignisse adäquat erklärt werden müssen. Eine unendliche Reihe von verursachten Ursachen widerspricht diesem Prinzip. Es muss also eine hinreichende Erklärung für die Existenz von Sachverhalten geben, die sich nicht von selbst erklären. Diese nicht-verursachte Ursache, diese nicht-kontingente Quelle kontingenter Existenz ist das, was wir „Gott" nennen.

Zur Verdeutlichung des Arguments könnte es hilfreich sein, einige der Standardeinwände zu betrachten, die ihm entgegengehalten wurden. Zunächst wird diese Art von Argument beharrlich missverstanden, was mit einer Verwirrung bezüglich unendlicher Kausalketten zusammenhängt. Bertrand Russell machte die bemerkenswert naive Bemerkung, dass die Ersten, die dieses Argument formulierten, die Existenz einer unendlichen Kausalreihe verneinten, weil sie sich eine unendliche Reihe nicht vorstellen konnten. Nichts könnte weiter von der Wahrheit entfernt sein. Sowohl die Denker der Antike als auch die des Mittelalters haben differenzierte Betrachtungen über die Unendlichkeit angestellt. Andere sind der Ansicht, dass diese Art der Beweisführung von der Annahme abhängt, dass die Zeit endlich ist, da sonst eine unendliche

Reihe von verursachten Ursachen in der historischen Rückschau möglich wäre. Doch weder das eine noch das andere ist stichhaltig, denn die Kausalketten, die wir hier betrachten – und alle meine Beispiele sollten dies bestätigen – erstrecken sich nicht zeitlich nach hinten. Ich argumentiere nicht, dass ich von meinem Vater verursacht wurde, der von seinem Vater verursacht wurde, der von seinem Vater verursacht wurde, bis wir schließlich zu einer ersten Ursache am Anfang der Zeit gelangen. Thomas von Aquin bezeichnete diese Art von Reihe als untergeordnet *per accidens*, d. h. die kausale Beziehung zwischen zwei Elementen ist zufällig in Bezug auf die Verwirklichung eines Potenzials im Hier und Jetzt. So hängt meine Aktivität hier und jetzt nicht von meinem Vater, Großvater oder Urgroßvater ab, da diese abwesend und für mein Handeln kausal irrelevant sind.

Was Thomas bestreitet – und ich folge ihm in diesem Punkt – ist eine Reihe, in der jedes Element hier und jetzt vom Einfluss einer früheren Ursache abhängt. Denn in einer solchen Reihe, die in Thomas' Terminologie *per se* geordnet ist, kann ein unendlicher Regress einen vorliegenden kontingenten Zustand einfach nicht erklären. Kürzlich schickte mir jemand ein Video, in dem angeblich Thomas' kosmologisches Argument für die Existenz Gottes vorgestellt wird.[34] Schon beim ersten Wort bemerkte ich, dass der Sprecher eine Reihe von Dominosteinen vor sich aufgereiht hatte, und ich wusste sofort, dass wir uns in die falsche Richtung bewegten. Thomas war nicht so sehr an einem Gott interessiert, der in einer fernen Vergangenheit einen verwirklichenden Einfluss ausgeübt haben könnte oder nicht, sondern – wie ich auch – an dem

Gott, in dem wir hier und jetzt „leben, uns bewegen und unser Sein haben".

Ein zweiter wiederkehrender Einwand geht in die folgende Richtung: Selbst wenn man die Logik der Beweisführung als schlüssig anerkennt, lässt sie nicht den Schluss zu, dass die unverursachte Ursache oder der nichtkontingente Grund für die Kontingenz nicht die Materie an sich, eine Urenergie oder das als Ganzes verstandene Universum sein kann. Der Kritiker könnte anmerken, dass, obwohl bestimmte Dinge und Zustände erscheinen und vergehen, die Materie – die Grundmasse, aus der sie hervorgegangen sind und in die sie zurückkehren – ewig, unveränderlich und unbedingt bleibt. Das kann jedoch nicht wahr sein. Aus dem Argument folgt, dass es eine Realität gibt, deren Wesen genau darin besteht, zu existieren, und deren Sein daher durch eine völlige Abwesenheit von Potenzialität gekennzeichnet ist. Nun sind Materie an sich oder „Energie" hochgradig potenziell, da sie nie rein und undifferenziert, sondern immer in dieser oder jener Form existieren. Jedes Mal, wenn wir von Materie oder Energie sprechen, müssen wir ihre Geschwindigkeit, Dichte, Farbe, Temperatur, Anordnung, ihren Ort usw. angeben. Dies impliziert notwendigerweise, dass sie durch eine Ursache oder eine Reihe von Ursachen beeinflusst wurde. Es ist daher unmöglich, dass sie die Realität ist, auf die sich das Argument bezieht. Die Behauptung, dass der Prozess von Materie, die auf Materie wirkt, einfach unendlich weitergeht, ist nicht hilfreich, da sie uns nur wieder auf das Problem des unendlichen Regresses zurückwirft.

Einige Theoretiker, die von den Anomalien der quantenmechanischen Sicht der Realität beeinflusst sind, vertreten die Ansicht, dass subatomare Teilchen ständig „aus dem Nichts“ geschaffen werden und es daher überhaupt nicht notwendig ist, die Ursachen der Kontingenz zu bestimmen. Ihr Einwand beruht jedoch schlicht und einfach auf der Mehrdeutigkeit des Wortes „Nichts“. Wenn Quantenphysiker „Nichts“ sagen, beziehen sie sich nicht auf die reine Nichtexistenz, die mit der philosophischen Verwendung des Begriffs gemeint ist, sondern auf ein fruchtbares Energiefeld, das sich durch eine Vielzahl von Eigenschaften und Möglichkeiten auszeichnet. Das „Nichts“ der Quantentheoretiker ist, philosophisch ausgedrückt, ein kontingenter Zustand und bedarf daher einer Erklärung. Während einer Fernsehdebatte zwischen dem Atheisten Richard Dawkins und einem katholischen Bischof aus Australien kam es zu einem amüsanten, aber aufschlussreichen Moment. Als Dawkins ausführlich über das Nichts sprach, aus dem alle Dinge entstanden sein sollen, begann das Publikum zu lachen. „Warum lachen Sie?“, fragte Dawkins in scheinbar echter Verwunderung. Woraufhin der Bischof antwortete: „Nun, ich denke, es ist etwas komisch, zu versuchen, das Nichts zu definieren!“[35]

Ein dritter wichtiger Einwand gegen diese Art von Argument ist, dass es nur zu einem abstrakten metaphysischen Prinzip führt, nicht aber zu dem in der Bibel beschriebenen persönlichen, leidenschaftlichen Schöpfer. Sicherlich würden selbst die eifrigsten Verfechter des Kontingenzarguments nicht behaupten, dass es ein angemessenes, geschweige denn vollständiges Bild von Gott vermittelt. Dennoch lässt sich in einigen logischen Schritten leicht zeigen, dass es eine tiefe Übereinstimmung zwischen dem nicht-kontingenten Grund der Kontingenz und dem

Gott der Heiligen Schrift gibt. Als unbedingte Quelle der kontingenten Existenz wird diese letzte Wirklichkeit ziemlich treffend als der Schöpfer aller Dinge beschrieben. Darüber hinaus kann sie in ihrer vollen Verwirklichung nicht durch Materie charakterisiert werden, die ihrem Wesen nach völlig potenziell ist. Da Zeit ein Maß für Veränderung ist und diese Realität sich nicht verändern kann, wird sie zutreffend als ewig oder zeitlos beschrieben. Da sie in ihrem Wesen nicht bedingt ist, muss sie darüber hinaus frei von existenzieller Unvollkommenheit sein. Und da das Fehlen von Intelligenz, Wille, Freiheit und Persönlichkeit zwangsläufig Unvollkommenheit implizieren würde, muss sie im Besitz all dieser Eigenschaften sein. Das Argument liefert uns also jemanden, der vollkommen, intelligent, aktiv, immateriell, ewig und der Schöpfer aller endlichen Dinge ist. Das ist vielleicht nicht der biblische Gott in all seinen Einzelheiten, aber es ist sicherlich mehr als eine passable Kopie.

Ich möchte noch eine letzte Bemerkung zur Beziehung zwischen dieser Art von Beweis und dem Wirken der Naturwissenschaften machen. Manchmal hört man, dass das Kontingenzargument nur ein verzweifelter Ruf nach einem „Lückenbüßer-Gott“ (*god of the gaps*) ist. Damit meinen Kritiker, dass die erste Ursache oder der unbewegte Beweger ein irreführender Begriff für irgendeine Lücke in unserer gegenwärtigen wissenschaftlichen Darstellung der für ein bestimmtes Phänomen verantwortlichen Ursachen sei. Während wir das Universum und seine Dynamik immer besser verstehen, würden die Befürworter Gottes einfach immer einen Schritt über das hinausgehen, was wir zurzeit wissen, auf die Dunkelheit zeigen und sagen:

„Gott ist verantwortlich“. Während die Wissenschaft Fortschritte mache, ziehe sich „Gott“ kläglich zurück, indem er dem Licht immer einen Schritt voraus ist.

Aber das ist doch Unsinn. Zunächst einmal kann die durch das Kontingenzargument offenbarte Realität nicht eine Realität unter anderen sein, da sie der unbedingte Akt des Seins selbst ist. Folglich könnte sie nicht einmal im Prinzip als Element in einer konventionellen Kausalkette funktionieren. Sie würde sich niemals in die „Lücke“ irgendeines Erklärungssystems einfügen. Als Kaiser Napoleon den Kosmologen Laplace fragte, welchen Platz Gott in seinem Modell des Universums einnehme, erhielt er die berühmte Antwort: „Diese Hypothese benötige ich nicht.“ Dieser Austausch zeigt jedoch nur, dass weder Napoleon noch Laplace offenbar verstanden, was die klassische katholische Philosophie unter dem Wort „Gott“ versteht. Keine Realität, die in den Zusammenhang der bedingten Ursachen eingeordnet werden kann, ist die unbedingte Quelle des Universums als Ganzem. Keine Ursache unter anderen Ursachen, so beeindruckend sie auch sein mag, ist der Grund dafür, warum es etwas gibt und nicht nichts. Wenn man fragen würde, wie man einen Kirschkuchen backt, würde man in etwa folgende Antwort erwarten: Man braucht Kirschen, Stärke, Teig, die Hitze des Ofens und so weiter. Was man niemals erwarten sollte, ist eine Antwort wie diese: Man braucht Kirschen, Stärke, Gott, Teig, Ofenhitze usw., als ob Gott eine läppische Ursache unter vielen anderen wäre. Gott ist die Antwort auf eine ganz andere Art von Frage: Warum gibt es überhaupt Kirschen, Stärke, Teig und Öfen?

Das zweite Problem mit dem Einwand des „Lückenbüßer-Gottes“ ist, dass er auf einem Kategorienfehler beruht. Insofern man Gott als die Füllung einer Lücke in einem wissenschaftlichen Erklärungsschema versteht, verkennt man die Tatsache, dass die Beweisführung eher metaphysisch als physikalisch ist. Wer sie entwickelt, stellt und beantwortet eine Art von Fragen, die sich qualitativ von denen eines Wissenschaftlers unterscheiden. Erinnern Sie sich daran, was wir im ersten Teil dieses Buches über Platons Höhle gesagt haben. Der Metaphysiker hat die Höhle verlassen – d. h. den flüchtigen Bereich dessen, was durch Beobachtung und Experimente nachgewiesen werden kann – und fragt nach den Strukturen des Seins als Sein. Der Vorwurf des „Lückenbüßer-Gottes“ wird von denjenigen erhoben, die in der Höhle leben. Diejenigen, die der Höhle bereits entkommen sind, sehen eine andere Dimension der Wirklichkeit.

Und damit sind wir beim Hauptthema dieses zweiten Buchteils angelangt: die Öffnung des Geistes. Die Zustimmung zur Aussage, dass es einen nicht-kontingenten Grund für die Kontingenz gibt, ist vollkommen vereinbar mit der ungehinderten Ausübung wissenschaftlicher Forschung, denn alles, was die Naturwissenschaften entdecken – selbst wenn es bis zum Anfang des Universums und über die Grenzen des messbaren Universums hinausgeht – gehört zum Bereich der kontingenten Existenz. Physiker, Chemiker, Biologen und Astronomen können noch so gründlich endliche und empirisch überprüfbare Ursachen und Zustände beschreiben, sie werden niemals die Dimension der Existenz erreichen, die wir als das Unbedingte bezeichnet haben. Das liegt nicht daran, dass das

Unbedingte vorläufig außerhalb ihrer Reichweite liegt, sondern daran, dass es qualitativ jenseits dessen liegt, was mit wissenschaftlichen Methoden erforscht werden kann. Auch wenn ideologische Materialisten es auf das Empirische und Messbare beschränken wollen, beharrt die menschliche Intelligenz darauf, Fragen zu stellen, die auch über den Geltungsbereich der Naturwissenschaften hinausgehen. Philosophie und Religion sind daher keine Rückkehr zum Aberglauben, sondern vielmehr eine Öffnung des Geistes, der rastlos sucht.

8. *Elija und die Priester des Baal*

Nachdem ich die Dynamik des suchenden Geistes aufgezeigt habe, möchte ich nun den Bezugsrahmen etwas erweitern und die andere große Fähigkeit des menschlichen Geistes, nämlich den Willen, betrachten. So wie der Intellekt unermüdlich sucht, bis er die Wahrheit selbst findet, so ruht auch der Wille nicht, bis er im Guten selbst ruht. Ich werde diese Erschließung des Willens nicht so sehr mit formalen Argumenten untermauern, sondern vielmehr mit einer biblischen Geschichte, die sich als von ewigem spirituellem Wert erwiesen hat.

In der Mitte des ersten Buches der Könige finden wir einen Zyklus von Erzählungen, die von den Abenteuern des Propheten Elija berichten. Aus den Berichten über die Verklärung in den Evangelien wissen wir, dass Elija im alten Israel als beispielhafter Prophet angesehen wurde. Er wirkte im 9. Jahrhundert v. Chr. unter der Herrschaft von König Ahab und Königin Isebel. Sein Name, auf Hebräisch *Elijahu*, bedeutet „Jahwe ist mein Gott“.

Ahab wird vom Autor des ersten Buches der Könige als schlimmer als alle anderen Könige Israels beschrieben, was angesichts der moralischen Verderbtheit und der politischen Inkompetenz der meisten dieser Würdenträger viel bedeutet. Und Isebel war eine Fremde, eine Nicht-Israelitin, die die Anbetung fremder Götter ins Land gebracht hatte. Auch wenn uns dieses Thema des Götzendienstes heute wohl etwas kurios erscheint, war es für die Autoren der Bibel von größter Bedeutung, denn nach biblischer Lesart ist fehlgeleitete Anbetung immer das zentrale moralische und spirituelle Problem und die Störung, aus der alle anderen Schwierigkeiten und Verzerrungen entspringen. Um dieses Prinzip ausreichend zu verstehen, müssen wir ganz an den Anfang der Bibel, zu den ersten Kapiteln des Buches Genesis, zurückgehen. Indem der Dichter die geordnete Abfolge aller Dinge ausgehend vom Schöpfer beschreibt, macht er geschickt zwei zentrale Aussagen gleichzeitig. Erstens entthront er all jene Realitäten – Sonne, Mond, Planeten, Sterne, Berge, Tiere und die Erde selbst –, die in verschiedenen Kulturen und zu verschiedenen Zeiten als Gottheiten verehrt wurden. Sie sind nicht göttlich, wie er betont, sondern Geschöpfe. Andererseits verweist er auf ihre wahre Funktion in der Schöpfungsordnung, gerade indem er sie in einer Art liturgischer Prozession vorstellt. Der Sinn von Sonne, Mond, Tieren und Insekten besteht darin, ihren Schöpfer zu preisen und ihre Existenz nach dem Plan Gottes zu ordnen. Es ist von größter Bedeutung, dass der Mensch – wiederum in Übereinstimmung mit dem liturgischen Sinn – in der Prozession an letzter Stelle steht, da sein Daseinszweck darin besteht, den Chor der Schöpfung anzuführen. Indem er seine Rolle als Priester erfüllt, wird der Mensch seine eigene Seele in Ordnung bringen und darüber hinaus eine gute Ordnung in der materiellen Welt ermöglichen.

In diesem Zusammenhang lohnt es sich, über das Wort „Anbetung" (engl. *adoration*) nachzudenken. Das lateinische Wort *adoratio* leitet sich von den beiden Wörtern *ad* und *ora* ab, die „zum Mund" bedeuten. Das bedeutet, dass die Haltung der Anbetung eine Ausrichtung unserer Kräfte auf Gott ist, dass wir wörtlich verstanden Mund zu Mund mit ihm sind. Wenn wir so auf Gott ausgerichtet sind – „jedes Wort aus dem Mund Gottes“[36] in uns aufnehmen –, sind alle Elemente, aus denen wir bestehen, im Einklang, und auch die Welt um uns herum findet ihre richtige Harmonie. Umgekehrt führt falsche Anbetung – die Ausrichtung auf etwas oder jemanden, der nicht Gott ist – zum Zerfall seiner selbst und der ganzen Welt. Der Theologe Paul Tillich, auf den ich mich bereits im ersten Teil des Buches bezogen habe, sagte einmal, dass man alles, was man über eine Person wissen muss, herausfinden kann, indem man eine einfache Frage stellt und beantwortet: Was verehrt er oder sie? Jeder Mensch, ob religiös oder nicht, betrachtet etwas als den höchsten Wert, stellt etwas in den Mittelpunkt seines Lebens. Alles andere ergibt sich aus dieser Grundhaltung.

Mit diesem Bild vor Augen können wir einen neuen Blick auf die Geschichte von Elija und den Priestern des Baal werfen.[37] Wir erfahren, dass der Herr wegen des von Isebel eingeführten Götzendienstes eine Dürre über das Land schickte. Es ist äußerst wichtig, die in der Bibel beschriebenen Strafen Gottes nicht als willkürlich oder launisch zu betrachten, sondern als Ausdruck grundlegender geistiger Gesetze, einer Art Physik der Seele. In Anlehnung an den Anfang des Buches Genesis verwenden die Autoren der Bibel häufig Bilder des Gartens, um geistiges Gedeihen zu vermitteln, und die Wüste, um die Leblosigkeit zu zeigen, die auf die Ablehnung Gottes folgt. So ist die Dürre zur Zeit Elijas ein naher Verwandter der Wüste, in die Adam und Eva vertrieben wurden. Wenn wir uns von der Quelle des Lebens abwenden und uns auf Formen der falschen Anbetung einlassen, verdorrt das Leben in uns und um uns herum. Inmitten der Dürre wird Elija ausgesandt, um König Ahab zur Rede zu stellen. Es ist erstaunlich, dass der Autor der Bibel uns fast nichts über Elijas Vergangenheit oder seinen Werdegang erzählt. Alles, was wir erfahren, ist ein unbedeutendes Detail, nämlich dass er aus der kleinen Stadt Thisbe stammte, über die selbst Fachgelehrte kaum etwas wissen. Er kam mit dem einzigen Auftrag, den sein Name ausdrückt. Als er in die Gegenwart des Königs tritt, wirft Ahab ihm vor: „Bist du nun da, du Verderber Israels?" Doch Elija lässt dies nicht gelten: „Nicht ich habe Israel ins Verderben gebracht, sondern du und das Haus deines Vaters, weil ihr den Herrn verlassen habt und weil du den Baalen nachgelaufen bist."

Nach diesem ersten Wortwechsel fordert Elija den König direkt heraus: „Nun aber lass ganz Israel für mich auf dem Berg Karmel zusammenkommen, ebenso die vierhundertfünfzig Propheten des Baal." Auf diesem heiligen Boden will Elija sie direkt herausfordern. Sie sollen Altäre für ihre Götter errichten, und Elija wird einen Altar für den Herrn vorbereiten. Beide werden ihre jeweiligen Gottheiten anrufen, und „der Gott nun, der mit Feuer antwortet, der soll Gott sein!". Beachten wir zunächst, dass die Propheten Baals den Propheten Jahwes an Zahl 450 Mal übertreffen. Das war schon immer so: Die Anhänger falscher Formen der Anbetung sind immer in der Überzahl, während diejenigen, die für die wahre Anbetung eintreten, in der Regel nur eine winzige Minderheit darstellen. Augustinus brachte denselben Gedanken zum Ausdruck, als er fand, dass die Stadt Gottes – die von der Liebe zu Gott geleitete Gemeinschaft – wie die Arche Noah auf den Wellen des mächtigen Ozeans der Stadt der

Menschheit – der von der Selbstliebe geleiteten Gemeinschaft – hin und her geworfen wird.[38]

Als Antwort auf Elijas Herausforderung schrien die Baalspriester den ganzen Tag lang zu ihrem Gott: „Baal, erhöre uns!“ Doch es kam kein Ton und kein Feuer fiel herab. Daraufhin begannen sie auf den Altären und um diese herum zu tanzen, aber es gab immer noch keine Antwort. Elija spottete über sie: „Ruft doch recht laut, er ist ja ein Gott! Vielleicht ist er in Gedanken vertieft oder beiseite gegangen oder verreist; vielleicht schläft er gerade und muss erst aufwachen.“ Wie vom Blitz getroffen, fingen die Baalspriester an, sich mit Messern und Speeren zu schneiden, „bis das Blut floss. (…) Aber es war kein Laut, keine Antwort, keine Erhörung zu vernehmen.“ Nachdem Elija den Altar vorbereitet hat, indem er ihn mit der Opfergabe bedeckt und mit Wasser umgibt, betet er schließlich zu Gott: „Erhöre mich, Herr, erhöre mich und lass dieses Volk erkennen, dass du der Herr, der Gott, bist und dass du ihr Herz zur Umkehr bringst.“ Da kam Feuer vom Himmel herab, saugte das Wasser auf und verzehrte die Opfergabe. Und das ganze Volk fiel in Anbetung zu Boden.

Mir ist bewusst, dass jemand, der diese Geschichte zum ersten Mal liest, versucht sein könnte, darin einen weiteren Fall von sich auf die Brust klopfendem Kulturchauvinismus zu sehen („Mein Gott ist größer als deiner!“). Doch was aus dieser Geschichte hervorgeht, ist in Wirklichkeit eine eindringliche Reflexion über die zentrale Herausforderung jedes Menschen: Wie soll ich meine grundlegendsten spirituellen Energien und Sehnsüchte lenken? Um diese Frage zu beantworten, kenne ich keinen besseren Führer als Thomas von Aquin. Der zweite Hauptteil seiner *Summa theologiae*, der sich allgemein mit dem Wesen des guten Lebens befasst, beginnt mit einer Reflexion über das Glück (in Thomas' Latein *beatitudo*). G. K. Chesterton hat behauptet, gute Moral sei wie gute Kunst: Sie beginne damit, eine Linie zu ziehen.[39] Das ist zwar gut gesagt, aber Thomas würde dem nicht zustimmen, da er das Recht (im moralischen Sinn das Ziehen einer Linie) erst in Frage 90 des zweiten Teils der *Summa* zum ersten Mal behandelt. Seine Erörterung beginnt nicht mit dem Recht, sondern mit der Glückseligkeit – dem Gut, nach dem jeder Mensch, ob bewusst oder unbewusst, letztlich immer strebt.[40]

Obwohl sich Philosophen und Wissenschaftler seit Beginn der Neuzeit nicht mit der klassischen Vorstellung einer Zweckursächlichkeit in der Natur anfreunden konnten (dass materielle Objekte auf ein Ziel hin wirken und daher sowohl gestoßen als auch gezogen werden), würden nur die orthodoxesten Deterministen die Existenz einer Art Zweckursache im menschlichen Antrieb bestreiten. Unser Wille wird von Gütern außerhalb seiner selbst in Bann gezogen, die er zu erreichen sucht. Ich tippe zum Beispiel gerade diese Worte in meinen Computer ein, um das Buch zu schreiben, das Sie gerade lesen. Wenn ich aber einen Moment darüber nachdenke, wird mir klar, dass diese bestimmte Absicht Teil einer anderen, umfassenderen Absicht ist: Ich bemühe mich, dieses Buch zu schreiben, um mein Werk der Evangelisierung der Kultur voranzutreiben. Diese Absicht wiederum ruht wie bei einer Matrjoschka-Puppe in einer noch höheren Absicht: Ich arbeite an der Evangelisierung der Kultur, weil ich alle Menschen zu Christus bringen möchte, und Menschen zu Christus zu bringen erfüllt meinen missionarischen Sinn, und das macht mich glücklich. Das von mir gewählte Beispiel könnte Sie zu der Annahme verleiten, dass ich die Karten zugunsten der Religion gezinkt habe. Aber eine ähnliche Analyse kann für jeden beliebigen Willensakt vorgenommen werden, und es wird unweigerlich ein einigermaßen geheimnisvoller Endzweck herauskommen. Eine Person steht morgens auf, weil sie zur Arbeit gehen muss. Sie geht zur Arbeit, um ein Gehalt zu verdienen. Sie will ein Gehalt verdienen, um ihre Familie zu ernähren. Sie will ihre Familie ernähren, weil sie will, dass diese materielle Dinge, eine gute Ausbildung und die Möglichkeit hat, ohne Angst zu leben. Sie will diese Dinge, weil sie will, dass ihre Angehörigen glücklich leben. Sie will dies, weil es *sie* glücklich macht. Oder, noch direkter: Ein Mann geht zu einem Baseballspiel, um seine Lieblingsmannschaft spielen zu sehen. Er tut dies, weil er Baseball liebt. Er liebt Baseball, weil Baseball ihn glücklich macht. Eigentlich will er immer glücklich sein. Letztlich, so argumentiert Thomas von Aquin, werden alle Menschen – Heilige und Sünder, Barmherzige und Böse – von der Sehnsucht nach der Freude und dem Frieden der *beatitudo* (Glückseligkeit) angetrieben. Allerdings, so könnte man einwenden, streben der Berufskiller, der entschlossene Massenmörder oder der reuelose Kinderschänder sicherlich nicht nach der Seligkeit. Doch sie tun es, auf welch entstellte Weise auch immer. Wie Thomas in seiner gewohnten Prägnanz sagt, wählt selbst der schlimmste Sünder das, was ihm gut erscheint, d. h. das, was ihm Glückseligkeit bringt.

Das führt uns zur naheliegenden Frage: Was genau *ist* wahre Glückseligkeit? Was macht uns wirklich glücklich? Wenn wir dies herausfinden, haben wir den Heiligen Gral gefunden – dann haben wir das große Geheimnis gelüftet und wissen, wen oder was wir verehren müssen. In den ersten Artikeln des zweiten Teils der *Summa* untersucht Thomas eine Reihe von Vorschlägen, die im Laufe der Jahrhunderte gemacht wurden. Einige haben vorgeschlagen, dass Reichtum das höchste Gut ist, der Wert, um den sich alle anderen Werte drehen, und ich wage zu behaupten, dass man in unserer heutigen materialistischen Kultur viele Befürworter dieser Position finden kann. In der Tat scheint für viele Menschen im heutigen Westen Reichtum zumindest ein wesentliches Element eines guten Lebens zu sein. Thomas besteht jedoch darauf, dass Reichtum diese Funktion nicht erfüllen kann. Er argumentiert, dass es zwei Arten von Reichtum gibt: natürlichen und künstlichen Reichtum. Ersterer „dient als Mittel zur Befriedigung unserer natürlichen Bedürfnisse wie Essen, Trinken, Kleidung, Fortbewegung, Wohnen und dergleichen“. Diese Dinge können jedoch nicht das Endziel sein, da sie dem untergeordnet sind, was Thomas die „Stütze der menschlichen Natur“ nennt. Das bedeutet, dass sie den Menschen gesund und psychologisch zufrieden halten, damit er sich höheren Gütern wie dem Studium, der Freundschaft, der Reflexion usw. widmen kann. Die zweite Art von Reichtum, die künstliche Variante, dient lediglich dazu, natürliche Reichtümer zu erwerben, und ist daher noch weiter vom Zustand des höchsten Gutes entfernt.

Andere haben vorgeschlagen, dass das menschliche Glück in der Ehre liegt. Um das Gewicht und die

Bedeutung dieses Vorschlags zu erfassen, betrachten wir die vielen bedeutenden alten und modernen Gesellschaften, die auf Ehre und Schande beruhen. In einer solchen Gemeinschaft ist nichts schmerzhafter als eine öffentliche Demütigung. Der Verlust des Hauses, des Reichtums, der Vergnügungen und der Freunde wäre erträglich, nicht aber der Verlust des Gesichts. Dies legt nahe, dass zumindest in einer solchen Kultur Ehre, Ruhm und Ansehen die höchsten Werte wären. Thomas besteht jedoch darauf, dass dies nicht richtig sein kann, denn Ehre oder Ruhm werden einer Person „aufgrund einer außergewöhnlichen Qualität" zuerkannt. Es handelt sich um eine Art Fahne der Tugend, die die Aufmerksamkeit anderer auf eine moralische, sportliche, intellektuelle oder ästhetische Leistung lenken soll. Sie wird daher zu Recht als untergeordneter oder parasitärer Wert betrachtet und könnte daher niemals den Rang einer unbedingten Antriebskraft des Willens einnehmen. Eine der besten Möglichkeiten, Thomas' Aussage zu verstehen, besteht darin, sich ganz einfach zu fragen, wer in unserer Gesellschaft die meiste Ehre erhält. Die offensichtliche Wahrheit, dass die besten und tugendhaftesten Menschen oft am wenigsten gelobt werden und dass die oberflächlichsten und moralisch zweifelhaftesten Menschen oft am großzügigsten gelobt werden, entlarvt das Spiel. Ehre kann das Sahnehäubchen auf dem Kuchen sein, aber sie kann niemals *der Kuchen selbst* sein.

Wieder andere argumentieren, dass Macht unser wertvollstes Gut ist. Thomas führt ein schlagkräftiges negatives Argument gegen diese Behauptung an. Die Menschen scheinen Knechtschaft und Handlungsunfähigkeit am meisten zu vermeiden. Es scheint also, dass sie am meisten nach Macht streben. Diese Feststellung findet ihrerseits ein positives Echo, vor allem in unserer westlichen Kultur. Schließlich ist die Freiheit zweifellos unser wertvollstes Kulturgut, und Freiheit bedeutet letztlich Macht, die Fähigkeit, zu tun, was man will und wie man es will. J. R. R. Tolkien hat dies in eine Erzählung umgesetzt. Erinnern wir uns daran, dass das zentrale Anliegen der anständigen Figuren in *Der Herr der Ringe* darin besteht, einen Talisman zu zerstören, der ausgerechnet als Ring der Macht bezeichnet wird. Meiner Meinung nach geht es in der beängstigendsten Szene in *Der Herr der Ringe* nicht um Orks und Kobolde, sondern es ist der Moment, in dem Gandalf – der große Zauberer, die Verkörperung spiritueller Weisheit – den Ring im Haus von Bilbo Beutlin entdeckt und für einen schrecklichen Moment versucht ist, ihn für seine eigenen Zwecke zu ergreifen. Gemäß dem Sprichwort, dass die Korrumpierung der Besten das Schlimmste ist, wäre eine solche moralische Entblößung verheerend gewesen. Es ist in der Tat bezeichnend, dass in Matthäus' Bericht über die Versuchung Jesu durch den Teufel das letzte und verlockendste Angebot des bösen Geistes darin besteht, dass der Herr die Macht an sich reißt: „Wieder nahm ihn der Teufel mit auf einen sehr hohen Berg; er zeigte ihm alle Reiche der Welt und ihre Herrlichkeit und sagte zu ihm: Das alles will ich dir geben, wenn du niederfällst und mich anbetest."[41]

Doch trotz ihrer unbestreitbaren Anziehungskraft kann die Macht nach Thomas von Aquin aus einem einfachen Grund nicht das höchste Gut sein. Macht hat den Charakter eines Prinzips oder einer Quelle des Handelns, während Glück den Charakter eines Zwecks hat. Mit einem Wort, Macht ist immer für etwas anderes da – um etwas zu bewegen, zu erlangen, zu erreichen, zu erwerben usw. Aber gerade wegen dieser untergeordneten Funktion kann sie nicht die Rolle der höchsten Antriebskraft des Willens spielen. In diesem Zusammenhang ist folgende Bemerkung wichtig: Nach Thomas kann die Macht sowohl auf das Gute als auch auf das Böse gerichtet sein, wie wir im Fall eines Heiligen und eines Meisters der Bosheit sehen können, die beide einen ziemlich großen Einfluss ausüben. Es ist genau diese Zweideutigkeit der Macht, die ihrem Status als höchstes Gut entgegensteht.

Schließlich sind viele andere – darunter einige der größten Philosophen der Antike und der Neuzeit – der Ansicht, dass das höchste Ziel der menschlichen Bestrebungen das Vergnügen ist. Diese hedonistische Sichtweise sollte nicht oberflächlich dahingehend interpretiert werden, dass die Lust, um die es hier geht, lediglich ein primitiver sinnlicher Reiz ist. Vielmehr kann Lust in einem weiten Sinne verstanden werden, der z. B. auch die Lust an der Kunst, an moralischer Erfüllung und an der Freundschaft umfasst. Und es scheint in der Tat so zu sein, dass alles andere um des Vergnügens willen gemacht wird. Aristoteles selbst sagte: „Es ist absurd, jemanden zu fragen, warum er nach Vergnügen strebt."[42] Aber auch hier haben wir es mit einem Gut zu tun, das von einem höheren und dauerhafteren Wert abhängt und abgeleitet ist. So empfinden wir Freude in unserem Körper, wenn wir einen Zustand des Wohlbefindens erreicht haben, und wir empfinden Freude in unserem Geist, wenn wir etwas Lohnendes erreicht oder erlebt haben. Das Wohlgefühl, das wir empfinden, ist also ein angenehmer Nebeneffekt, der jedoch nicht mit dem Objekt unserer tiefsten Sehnsucht verwechselt werden darf. Darüber hinaus können wir sogar Freude als Ergebnis schlechter Taten empfinden, was beweist, dass das gute Gefühl selbst niemals das höchste und unverfälschte Gut sein kann, nach dem die Seele strebt.

Weder Reichtum noch Vergnügen, weder Macht noch Ehre sind also tatsächlich die letzte Ursache für die Aktivität des Willens. Worum handelt es sich dann? Thomas von Aquin kommt zu dem Schluss, dass es sich nicht um ein weltliches Gut handeln kann, denn die *beatitudo*, von der wir sprechen, muss ein Gut sein, das das Verlangen vollständig befriedigt, und das Verlangen in uns ist das Verlangen nach vollkommener Güte. Die menschliche Erfahrung zeigt deutlich, dass selbst der Erwerb der größten Güter der Welt uns immer noch nicht zufriedenstellt und uns nach immer mehr streben lässt. C. S. Lewis stellte fest, dass die Unzulänglichkeit der endlichen Güter nicht so sehr in den schlimmsten Momenten des Lebens erkannt wird, sondern gerade in den besten, wenn wir einen Sieg, intensive Freude, moralische Befriedigung oder die Bewunderung der Menge erlebt haben. Unmittelbar nach solchen Freuden spüren wir nämlich, dass wir noch mehr wollen, oder, positiver ausgedrückt, wir spüren, dass das, was wir erlebt haben, eine Art Zeichen oder Sakrament für das bedingungslose Gute ist, das wir wirklich und insgeheim begehren. Der Hunger des Willens treibt uns, ob wir es wollen oder nicht, über die Welt hinaus. Thomas kommt zu dem Schluss: „Es ist also offensichtlich, dass nichts den menschlichen Willen beschwichtigen kann, außer dem universellen Guten. Dieses ist nicht in irgendeinem Geschöpf zu finden, sondern allein in Gott".[43]

Nach diesem thomistischen Exkurs kehren wir zur biblischen Geschichte von Elija und den Priestern des Baal zurück. Können wir die von den Inkarnationen Baals errichteten Altäre als eine Anspielung auf die verschiedenen Formen der falschen Anbetung verstehen, die wir praktizieren? Können wir uns vorstellen, dass es vier Altäre gibt, die dem Reichtum, der Macht, dem Vergnügen und der Ehre gewidmet sind? Wir Sünder verbringen unser Leben damit, an diesen Altären zu betteln, schöne Reden zu halten, um sie herumzuhüpfen und nicht existierende Götter anzuflehen, den tiefsten Hunger unseres Herzens zu stillen – und das ist die zentrale Tragödie des menschlichen Lebens, die Fehlfunktion, die hinter dem größten Teil unserer Traurigkeit steckt. Wir sind auf Gott eingestellt, aber wir binden unser Verlangen nach dem unendlich Guten an irgendein endliches Objekt, das dieses Verlangen niemals, nicht einmal im Prinzip, befriedigen kann.

Dies führt zu Abhängigkeit, und es ist leicht zu verstehen, warum. Wir reden uns ein, dass wir glücklich sein werden, sobald wir über ausreichend, sagen wir, Reichtum und materielle Güter verfügen. Und so bemühen wir uns in einem fort und widmen unseren Geist, unsere Energie und unsere Leidenschaft dem Erwerb von Geld. Das Erreichen eines finanziellen Ziels – vielleicht unsere erste Million im Alter von dreißig Jahren – gibt uns tatsächlich einen Kick. Aber dieser Kick verpufft, weil wir nicht für einen so endlichen Wert geschaffen sind. Also verdoppeln wir unsere Anstrengungen, arbeiten rund um die Uhr, um mehr Geld zu verdienen, und wenn uns das gelingt, erleben wir das bekannte Hochgefühl, das diesmal aber schneller verpufft. (Sprechen Sie mit jedem, der schon einmal eine Alkohol- oder Drogensucht durchlebt hat, und Sie werden dieses Prinzip bestätigt sehen.) Nunmehr von einer regelrechten Panik erfasst, geben wir uns ganz der Produktion von Reichtum hin und hüpfen wie verrückt um diesen besonderen Altar herum. Wir erinnern uns daran, dass die Baalspriester, als Elija sie verspottete, anfingen, sich mit Messern zu schneiden, bis sie bluteten. Welch perfektes Bild für die Selbstzerstörung, die zwangsläufig aus der süchtig machenden Besessenheit von endlichen Werten resultiert. Ersetzen Sie Reichtum durch Ehre, Macht oder Vergnügen, und Sie erhalten die gleiche Dynamik.

Vor einigen Jahren las ich in der Zeitschrift *Rolling Stone* ein Interview mit dem Schauspieler Don Johnson. In den 1980er und 1990er Jahren gab es in der Unterhaltungsbranche keine prominentere Figur als Don Johnson. Er war der Star der damals sehr beliebten Fernsehserie „*Miami Vice*". Sein Kleidungsgeschmack gab in praktisch der gesamten westlichen Welt den Ton an und sein gutaussehendes Gesicht zierte Millionen von Zeitschriftencovern. Während des Interviews erinnerte er sich an ein Erlebnis, das er auf dem Höhepunkt seiner Karriere hatte. Er veranstaltete eine Party auf seinem Anwesen in Florida. Die Partygäste drängten sich im ganzen Haus, auf dem Grundstück und auf den Decks von drei Yachten, die in der Privatlagune des Stars vor Anker lagen. Johnson stand auf einem Balkon und überblickte das Bild, das sich ihm bot. In diesem Moment wurde ihm klar, dass all seine Träume von Reichtum, Ruhm, Macht und

Vergnügen wahr geworden waren. Doch anstatt zufrieden zu lächeln, dachte er: „Warum bin ich dann so verdammt unglücklich?" Aus dem Interview geht nicht hervor, was Johnson aus dieser Einsicht gemacht hat, aber es handelt sich um eine extrem starke spirituelle Erkenntnis und eine Bestätigung von Lewis' Intuition. Während er im Vollbesitz seiner irdischen Güter war, verlangte sein Herz — wie Johnson nur allzu schmerzhaft spürte — nach dem Mehr.

Johannes vom Kreuz, der größte spirituelle Lehrer des westlichen Christentums, sagte, dass wir in uns unendlich tiefe und ausladende Höhlen haben.[44] Damit deutete er die Sehnsucht nach dem unendlichen Gott an. Eine der Strategien, die für uns Sünder nicht funktioniert, besteht darin, diese Höhlen zu verbergen und so zu tun, als ob sie nicht existierten. Wir können die Praxis dieser Strategie in einem großen Teil des zeitgenössischen Säkularismus sehen, wo (um die Metapher zu wechseln) das verschlossene Selbst das Sagen hat. Eine zweite klassische und ebenso kontraproduktive Strategie besteht darin, dass wir versuchen, diese Höhlen mit endlichen Gütern zu füllen. Und so werfen wir eine schöne Sache nach der anderen in die endlosen Abgründe, ein Vergnügen nach dem anderen, eine Ehre nach der anderen, um dann festzustellen, dass sie nutzlos in die Höhlenfinsternis fallen.

An diesem Punkt der Analyse sind wir bereit, den wichtigsten, wenn auch höchst paradoxen Grundsatz der spirituellen Physik zu formulieren, nämlich dass nur der unendliche Gott den unendlichen Hunger des Herzens stillen kann und dass die Seele daher nur dann Glückseligkeit finden kann, wenn sie von Gott erfüllt ist. Aber wer ist Gott? Gemäß der Lehre, die das Herzstück des

Christentums bildet, ist Gott Liebe. Gott ist ein Geschenk, das sich selbst ausgießt. Mit Gott erfüllt zu sein bedeutet daher, mit Liebe erfüllt zu sein – das heißt, bereit zu sein, sich um der Liebe anderer willen selbst auszugießen. Das Paradoxe daran ist, dass das Glück niemals davon abhängt, sich selbst zu füllen, sondern sich selbst zu geben. Wenn die göttliche Gnade in unser Leben tritt (und alles, was wir besitzen, ist das Ergebnis der göttlichen Gnade), besteht die Aufgabe darin, einen Weg zu finden, es zu verschenken. In gewissem Sinne kann das göttliche Leben, das nur als Geschenk existiert, nur zeitweilig „besessen" werden. Wenn wir versuchen, es zu unserem Eigentum zu machen, wird es sich unweigerlich verflüchtigen, da es auf diese Weise nicht existieren kann. Schauen Sie sich das Gleichnis vom verlorenen Sohn genau an, wenn Sie Einzelheiten dazu erfahren möchten.[45]

Niemand in der großen Tradition hat das, was ich auf den letzten Seiten gesagt habe, besser zusammengefasst als Augustinus von Hippo. Bereits auf der ersten Seite seiner *Confessiones* finden wir die folgende Formulierung: „Denn zu dir hin hast du uns geschaffen, und unruhig ist unser Herz, bis es ruhet in dir."[46] Alles andere im psychologischen und spirituellen Leben ist im Wesentlichen eine Fußnote zu dieser Aussage.

9. Der brennende Dornbusch

Zum Abschluss dieses zweiten Teils möchte ich mich einer weiteren höchst beeindruckenden Geschichte aus der Heiligen Schrift zuwenden, einer Passage, die sich als zentral für die spirituellen und theologischen Traditionen des Christentums erwiesen hat, nämlich dem dritten Kapitel des Buches Exodus, der Erzählung von Mose und dem brennenden Dornbusch. Praktisch jedes Detail dieser Geschichte ist mit symbolischer Bedeutung aufgeladen.

Wir erfahren, dass Mose, einst ägyptischer Prinz, nun weit weg von den Höfen des Pharaos ist und für seinen Schwiegervater Jitro an den Hängen des Berges Horeb, der sich in der Wüste Sinai erhebt, „die Schafe hütet". In allen spirituellen Traditionen der Welt finden wir das Thema, dass derjenige, der Gott erfahren will, zunächst gezügelt und demütig gemacht werden muss. Ein auf sich selbst konzentriertes Ich wird Gott niemals sehen. So musste der ungestüme und stolze Mose Jahre in der Kargheit der Wüste verbringen, bevor er für seine Vision und seine Mission bereit war. Während er seine Herde weidet, erblickt Mose ein „seltsames Schauspiel": einen brennenden Dornbusch, der nicht verbrennt. Noch ein wenig von sich eingenommen, denkt Mose: „Ich will doch hingehen und dieses seltsame Schauspiel betrachten, warum der Dornbusch nicht verbrennt." Als Mose sich dem seltsamen Phänomen nähert, hört er eine Stimme: „Tritt nicht näher heran! Zieh deine Schuhe von deinen Füßen, denn der Ort, auf dem du stehst, ist heiliger Boden!" Der wahre Gott lässt sich niemals mit dem Verstand erfassen, kontrollieren, befehligen und niemals in klare Kategorien einordnen. Im Gegenteil, er ist es, der die Kontrolle hat. Mir gefällt besonders der Befehl an Mose, seine Schuhe auszuziehen. Mit Schuhen an den Füßen kann man leicht und sicher überall hingehen, wo man will. Das Ausziehen der Schuhe macht eine Person verletzlich und empfänglich, was die einzig richtige Haltung in der Gegenwart Gottes ist.

Schließlich gibt sich die Stimme aus dem brennenden Dornbusch zu erkennen: „Ich bin der Gott deines Vaters, der Gott Abrahams, der Gott Isaaks und der Gott Jakobs." Mose erkennt, dass er es nicht mit einem unpersönlichen Absoluten zu tun hat, sondern mit *jemandem*. Außerdem sagt der Gott des Dornbuschs, dass er das Leiden des jüdischen Volkes gesehen hat, das in Ägypten versklavt wurde, und dass er deshalb einen Auftrag für Mose hat: „So geh nun! Ich will dich zum Pharao senden. Führe mein Volk, die Israeliten, aus Ägypten heraus!" Dem Seher wird nun klar, dass er es mit einem intelligenten, mit Willen ausgestatteten und barmherzigen Gott zu tun hat.

Nachdem Mose den Auftrag angenommen hat (zugegebenermaßen mit einigem Widerwillen), hat er die Kühnheit, nach dem Namen Gottes zu fragen: „Wenn ich zu den Israeliten komme und ihnen sage: Der Gott euerer Väter hat mich zu euch gesandt, und sie mich dann fragen: Wie lautet sein Name?, was soll ich ihnen antworten?" Obwohl diese Frage völlig harmlos erscheint, bringt sie Mose in eine spirituell heikle Lage. Vor allem in einem antiken Kontext bedeutete das Wissen um den Namen einer Person, eine Art Herrschaft über sie auszuüben. Eine solche Frage zu stellen ist daher vergleichbar mit dem

Ergreifen der Göttlichkeit durch Adam und Eva im Garten Eden. Die Antwort Gottes in Exodus 3,14 ist ein Klassiker der jüdischen und christlichen Theologie: „Ich bin der Ich-bin! Und er fuhr fort: So sollst du zu den Israeliten sprechen: Der Ich-bin hat mich zu euch gesandt." Diese notorisch rätselhafte Antwort ist in gewissem Sinne – in anderen Übersetzungen „Er, der ist" – nichts anderes als eine Tautologie oder vielleicht eine nicht ganz so subtile Art zu sagen: „Hör auf, mir so dumme Fragen zu stellen". Aber der Mainstream der theologischen Tradition hat sie als eine seltsam präzise Beschreibung Gottes interpretiert. Man könnte argumentieren, dass Mose eine ziemlich vernünftige Frage gestellt hat, nämlich: Welcher Gott bist du? In seinem kulturellen Kontext gab es Götter der Berge, des Meeres, bestimmter Orte und bestimmter Leute. Wir könnten seine Frage daher folgendermaßen interpretieren: Welcher Name unter dieser Vielzahl von Gottheiten zeichnet dich aus? Aber die Antwort, die Gott gibt, entspricht nicht dieser Erwartung, denn er sagt nicht, dass er eher diese Gottheit als jene ist, sondern er sagt einfach: „Ich bin der Ich-bin!" Seine Art zu sein wird also nicht festgelegt, abgegrenzt oder kategorisiert. Thomas von Aquin nahm diese göttliche Selbstbestimmung als biblische Rechtfertigung, um über die Übereinstimmung des Wesens (dessen, was etwas ist) mit der Existenz (dessen, wodurch etwas ist) in Gott zu sprechen.[47] Während es bei jedem Geschöpf einen realen Unterschied zwischen Wesen und Existenz gibt – denn jedes Geschöpf existiert auf eine bestimmte Art und Weise oder in einem bestimmten Modus –, gibt es bei Gott keinen solchen Unterschied. Ich bin ein *menschliches* Wesen, und die Tastatur, auf der ich tippe, ist etwas, das auf eine ganz bestimmte Weise existiert. Aber Gott zu sein bedeutet, wie David Burrell es ausdrückt, „zu sein, um zu sein".[48]

Ich bin mir durchaus bewusst, dass dies als bloße theologische Haarspalterei erscheinen mag, aber in Wirklichkeit ist diese Klarstellung von größter Bedeutung. Eines der offensichtlichsten Merkmale endlicher, weltlicher Wesen ist, dass sie sich gegenseitig ausschließen. Ein Wal zu sein bedeutet, kein Tiger zu sein. Ein Auto zu sein bedeutet, kein Pferd zu sein. Der Planet Jupiter zu sein bedeutet, kein Toaster zu sein usw. Genau so, wie sie definiert sind, stehen die endlichen Dinge übereinander und gegeneinander. Ich-bin hingegen kann nicht definiert werden. Er ist weder ein Wesen unter anderen noch die höchste Instanz der Gattung der existierenden Dinge. Und es ist dieser qualitative *Unterschied* Gottes, der es ihm ermöglicht, konkurrenzlos unter seinen Geschöpfen zu existieren. Eine Antilope kann nur dann zu einem Löwen werden, wenn sie gefressen wird, d. h. wenn sie aufhört, eine Antilope zu sein. Ein Baum kann nur zu einem Haufen Asche werden, wenn er verbrannt wird, d. h. wenn er seine einzigartige Seinsweise aufgibt. Aber der Eine Der-ist kann sich seinen Geschöpfen so nähern, dass sie nicht zerstört oder beeinträchtigt werden.

Vergleichen Sie dies mit den Geschichten aus der klassischen Mythologie, in denen sich die Götter und Göttinnen den Menschen nur um den Preis katastrophaler Folgen nähern. Die bekannteste Erzählung dieser Art ist der Mythos von Semele, einer jungen Frau, die als Priesterin im Tempel des Zeus diente. Eines Tages, als sie nach einem Opfer für den Göttervater im Fluss badete, wurde

Semele von Zeus beobachtet, der in der Gestalt eines Adlers über ihr kreiste. Verliebt stieg Zeus in menschlicher Gestalt auf die Erde herab und begann eine Affäre mit seiner Priesterin. Mit der Zeit fand Hera, die Frau von Zeus, dies heraus und säte in ihrer Eifersucht Zweifel an dessen Göttlichkeit in Semeles Seele. Semele wollte die Identität ihres Geliebten überprüfen und bat Zeus, ihr seine Göttlichkeit zu offenbaren. Obwohl er ihr nur einen winzigen Bruchteil seiner göttlichen Vollkommenheit offenbarte, reichte dies aus, um sie zu zerstören und in Asche zu verwandeln. Göttlichkeit und Menschheit konkurrieren auf demselben Spielfeld um Raum, und als es hart auf hart kam, musste einer von beiden seinen Platz räumen. Ein etwas weniger dramatisches Beispiel zum gleichen Thema ist der Mythos von Prometheus. Als dieser das den Göttern vorbehaltene Feuer stahl, erregte er den Zorn von Zeus und erlitt das grausame Schicksal, dass ihm jeden Tag ein Adler die Leber herausriss, um sie zu fressen. Im hoffnungslosen Nullsummenspiel der klassischen Mythologie ist das Gedeihen des Menschen ein Affront gegen die Götter und muss bestraft werden.

Und dann gibt es noch die Bibel. Kehren wir zu dem wunderbaren Bild des brennenden Dornbuschs zurück. Wenn der wahre Gott – der Gott, der ist, der Gott, dessen Wesen eins ist mit seinem Sein – sich den Geschöpfen nähert, werden diese nicht verzehrt, sondern werden noch schöner und strahlender – sie brennen, aber sie verbrennen nicht. Dieses Thema zieht sich durch die gesamte Bibel und wurde von Paulus hervorragend ausgedrückt, der in einem ekstatischen Ausruf sagte: „Nicht mehr ich lebe, sondern Christus lebt in mir.“[49] Obwohl seine gesamte

Existenz von Jesus Christus übernommen wurde, ist Paulus nicht weniger er selbst – er ist vielmehr die reichste Version seiner selbst. Hatte irgendein Leser der paulinischen Literatur jemals das Gefühl, dass die Persönlichkeit, die Intelligenz und der einzigartige Charakter des Paulus verloren gegangen sind? Nein, natürlich nicht. Sein einzigartiges Ich sprudelt förmlich aus den Seiten heraus. Beherrscht vom wahren Gott war er mehr und nicht weniger er selbst. Er brannte, aber er wurde nicht vernichtet.

Der wetteifernde Gott, der in den Köpfen der modernen Menschen herumspukt, hat nichts mit dem Gott der Bibel zu tun. Es gibt keinen Grund für eine voluntaristische Selbstbehauptung des menschlichen Willens gegen den voluntaristischen Gott, denn dieser Gott ist ein Feindbild, ein Hirngespinst. Der heilige Irenäus von Lyon, der Meister der Theologie des 2. Jahrhunderts, fasste sein eigenes Programm – und eigentlich das des gesamten Christentums – in der Aussage „*Gloria Dei homo vivens*" („Die Herrlichkeit Gottes ist der lebendige Mensch") zusammen.[50] So drückt sich einer aus, der den Gott des brennenden Dornbuschs kennt.

Schlusswort

Die letzten 25 Jahre waren schlecht für die Religion im Allgemeinen und für den Katholizismus im Besonderen. Die Skandale um sexuellen Missbrauch durch Geistliche, die die gesamte katholische Welt erschüttert haben, kommen einem regelrechten Sturm gleich, der die Arbeit der Kirche in praktisch jeder Hinsicht untergraben hat. Sie haben zu einem enormen Glaubwürdigkeitsverlust in der priesterlichen Führung geführt, zu einem starken Rückgang der Gemeindemitglieder und zur öffentlichen Anprangerung und Verspottung derjenigen, die weiterhin ihre Loyalität zum Katholizismus bekunden. Vor einigen Jahren trat ich in einer lokalen Nachrichtensendung in Chicago auf, um die Ausstrahlung meines Dokumentarfilms *Catholicism* im öffentlich-rechtlichen Fernsehen anzukündigen. Das Interview begann wie folgt: „Herr Pfarrer, mit Ausnahme des Islams ist der Katholizismus die meistgehasste Religion der Welt. Wie werden Sie dieses Problem angehen?"

Wie wir gesehen haben, haben die Ereignisse des 11. September in den Köpfen vieler Menschen das Vorurteil bestätigt, dass religiöse Menschen Fanatiker sind, und zwar gewalttätige. Darüber hinaus hat das Aufkommen einer Bewegung, die sich für die Rechte der LGBTQ-Gemeinschaft einsetzt, dazu geführt, dass Millionen Menschen in der westlichen Welt in den letzten vielleicht 20 Jahren die klassischen Überzeugungen des Christentums in Bezug auf die Sexualmoral in Frage gestellt haben. Was so lange Zeit allgemein akzeptiert war, kommt nun für viele einer Hassrede gleich.

Aus diesen und anderen Gründen sind religionskritische Stimmen nicht nur in den Hochschulen und Universitäten zu hören (wo es sie schon seit einiger Zeit gibt), sondern auch im Fernsehen, im Internet und in verschiedenen sozialen Medien, die das Denken der Jugendlichen prägen. Die Psychologin Jean Twenge hat in ihrem Buch *iGen* statistisch nachgewiesen, dass die heranwachsende Generation bei weitem die am wenigsten religiöse in der amerikanischen Geschichte ist.[51] Früher beruhigten Forscher die Gläubigen mit der Behauptung, dass die Jugendlichen zwar immer weniger religiös seien, aber dennoch „spirituell" blieben. Sie besuchten also keine Gottesdienste mehr oder hielten sich nicht mehr an die Glaubensdogmen, glaubten aber dennoch fest an die Existenz Gottes, an ein Leben nach dem Tod, an die Macht des Gebets und so weiter. Twenge zeigt jedoch unmissverständlich, dass die Jugend von heute zunehmend *weder* religiös *noch* spirituell ist. Die Abkehr von den Lehren und Praktiken der klassischen Religionen hat nach und nach dazu geführt, dass die Überzeugungen, die diese Dogmen und Verhaltensmuster einst vermittelten, verkümmern.

Vielleicht gehören Sie selbst zu den lautstarken Kritikern der Religion. Oder Sie sind ein Millennial oder gehören zur Generation iGen und sind von Stimmen umgeben, die in ihrem Leben keine Notwendigkeit mehr für Gott, geschweige denn für Religion sehen. Was auch immer Sie vom Glauben im 21. Jahrhundert halten: Denken Sie daran, dass es tatsächlich einen Mittelweg zwischen gewaltsamem Aufzwingen und langweiliger subjektivistischer Gleichgültigkeit gibt, nämlich die Kunst, für Religion mit Argumenten zu streiten. Die Ressourcen der christlichen intellektuellen Tradition – von Jesaja und Paulus über Augustinus und Thomas von Aquin bis hin zu Newman, Chesterton und Johannes Paul II. – sind gehaltvoll, ergiebig und mitreißend. Sie können uns zu einem Glauben führen, der nicht gewalttätig oder einschüchternd ist und dennoch selbstbewusst „mit Trommeln und Pfeifen" in den öffentlichen Raum vordringt.[52] Sie führen uns zu einer Kirche, die, wie Johannes Paul II. sagte, niemals ihren Standpunkt aufzwingt, sondern diesen mit Kreativität und Intelligenz vertritt.[53] Und sie führen uns zu Gott, der die Antwort auf die tiefsten Sehnsüchte des Herzens und die leidenschaftlichste Suche des Geistes ist.

Auch wenn die Baalspriester noch immer in der Überzahl sind, sollten wir nicht vergessen, dass es nur den Propheten des wahren Gottes gelingt, das Feuer herabzusenden.

Anmerkungen

Erster Teil: Wie führt man eine Debatte über Religion?

1 Siehe zu den berühmten Argumenten für die Existenz Gottes von Thomas von Aquin, *Summa theologiae* (*STh*) I, q.2 a.3.

2 Röm 1,20.

3 Thomas, STh I, q.2 a.2.

4 Thomas, STh I, q.1 a.5.

5 Hebr 1,2.

6 1 Joh 4,16.

7 Mk 1,15.

8 Mk 4,40.

9 Mk 10,52.

10 Joh 14,1.

11 Anselm von Canterbury, Proslogion, übers. Robert Theis, Stuttgart, 2005, Prooemium/Vorrede, 9.

12 Vgl. John Henry Newman, An Essay in Aid of a Grammar of Assent, New York 2010, 287.

13 Vgl. Bernard Lonergan, Methode in der Theologie, Leipzig 1991.

14 Siehe dazu Pierre Hadot, Philosophie als Lebensform: Antike und moderne Exerzitien der Weisheit, Frankfurt am Main 2003.

15 Platon, Der Staat, übers. von Otto Apelt und Karl Bormann, Hamburg 1989, 268–274.

16 Charles Taylor, Ein säkulares Zeitalter, Berlin/Boston 2018.

17 Jürgen Habermas, Zur Rekonstruktion des Historischen Materialismus, Frankfurt am Main 1976, 173.

18 John Rawls, Eine Theorie der Gerechtigkeit, Frankfurt am Main 1975, 159 ff.

19 Talks at Google, „God Is Not Great | Christopher Hitchens". YouTube, 17. August 2007, 19:56, https://youtu.be/sD0B-X9LJjs (Stand: 14.11.2022).

20 Siehe zu „Abraham Lincolns zweite Antrittsrede" https://de.wikibrief.org/wiki/Abraham_Lincoln%27s_second_inaugural_address (Stand 14.11.2022).

21 Siehe zur Rede „Ich habe einen Traum": von Martin Luther King jr., gehalten am 28. August 1963 in Washington, D.C.: https://usa.usembassy.de/etexts/soc/traum.htm (Stand: 14.11.2022).

22 Family Policy Institute of Washington, „Gender Identity: Can a 5'9, White Guy Be a 6'5, Chinese Woman?". YouTube, 14. April 2016, https://youtu.be/xfO1veFs6Ho (Stand 14.11.2022).

23 Karl Marx, „Kritik des Hegelschen Staatsrechtes", in: Arnold Ruge und Karl Marx (Hg.), Deutsch-Französische Jahrbücher, 1844, 71–85.

24 Friedrich Nietzsche, Die fröhliche Wissenschaft. Stuttgart 2022, Nr. 125.

25 Jordan B. Peterson, 12 rules for life: Ordnung und Struktur in einer chaotischen Welt. München 2019.

26 Jean-Paul Sartre, Ist der Existentialismus ein Humanismus?, Zürich 1950.

27 Vgl. THE SUPREME COURT; Excerpts From the Justices' Decision in the Pennsylvania Case, New York Times, June 30, 1992, https://www.nytimes.com/1992/06/30/us/the-supreme-court-excerpts-from-the-justices-decision-in-the-pennsylvania-case.html (Stand: 21.11.2022).

28 Siehe Paul Tillich, Systematische Theologie, Band I, Stuttgart 1956, 19 f.; engl. Systematic Theology, I, Chicago 1951, 15.

29 Thomas, STh I, q.2 a.3.

30 Siehe ebd.

Zweiter Teil: Religion und die Öffnung des Geistes

31 Ludwig Wittgenstein, Philosophische Untersuchungen, Frankfurt am Main 2001, Nr. 309.

32 Confraternitas Orandi, "A Debate on the Existence of God The Cosmological Argument F C Copleston vs Bertrand Russell". YouTube, 9. Oktober 2019, https://youtu.be/K3SqQNquG8A (Stand: 14.11.2022).

33 Thomas, STh I, q.2 a.3.

34 Crash Course, „Aquinas & the Cosmological Arguments: Crash Course Philosophy #10". YouTube, 11. April 2016, https://youtu.be/TgisehuGOyY (Stand: 14.11.2022).

35 Australian Broadcasting Corporation, „Q&A: Religion and Atheism". 9. April 2012, http://www.abc.net.au/tv/qanda/txt/s3469101.htm (Stand: 14.11.2022).

36 Mt 4,4.

37 1 Kön 18,1–46.

38 Vgl. Augustin, Vom Gottesstaat, übers. v. Wilhelm Thimme, München 2007.

39 G. K. Chesterton, „Our Note Book", Illustrated London News, 5. May 1928.

40 Thomas, STh I-II, q.2.

41 Siehe zum Bericht über die Versuchung Jesu: Mt 4,1–11; hier zitiert Mt. 4,8–9.

42 Zitiert nach Thomas, STh I-II, q.2 a.6.

43 Thomas, STh, I-II q.2 a.8.

44 John of the Cross, Selected Writings, hg. v. Kieran Kavanaugh, Mahwah, NJ 1987, 294.

45 Siehe Lk 15,11–32.

46 Augustin, Bekenntnisse, übers. v. Wilhelm Thimme, Zürich 1950, 31.

47 Thomas, STh I, q.3 a.4.

48 David B. Burrell, Aquinas: God and Action, Eugene 2016, 26: „to be to-be“.

49 Gal 2,20.

50 Siehe Irenäus von Lyon, Fünf Bücher gegen die Häresien, 4.20.7.

51 Jean Twenge, Mein Kind, sein Smartphone und ich: Warum es so wichtig ist, die neue Generation zu verstehen, München 2021.

52 Wilhelm Pauck und Marion Pauck, Paul Tillich: Sein Leben und Denken, übers. Herbert Drube. Stuttgart 1978.

53 Johannes Paul II., Redemptoris missio, 1990, Nr. 39.